高校学前教育专业教学与人才培养模式探索与实践研究

张蕊翠 ◎ 著

吉林出版集团股份有限公司

图书在版编目（CIP）数据

高校学前教育专业教学与人才培养模式探索与实践研究 / 张蕊翠著. — 长春 ：吉林出版集团股份有限公司，2022.10

ISBN 978-7-5731-2473-9

Ⅰ. ①高… Ⅱ. ①张… Ⅲ. ①高等学校－学前教育－人才培养－培养模式－研究－中国 Ⅳ. ①G61

中国版本图书馆 CIP 数据核字（2022）第 190188 号

高校学前教育专业教学与人才培养模式探索与实践研究

著　　者　张蕊翠
责任编辑　陈瑞瑞
封面设计　林　吉
开　　本　787mm×1092mm　1/16
字　　数　220 千
印　　张　10
版　　次　2022 年 10 月第 1 版
印　　次　2022 年 10 月第 1 次印刷

出版发行　吉林出版集团股份有限公司
电　　话　总编办：010-63109269
　　　　　发行部：010-63109269
印　　刷　廊坊市广阳区九洲印刷厂

ISBN 978-7-5731-2473-9　　定价：68.00 元

前 言

当今时代，随着教育的价值日益凸显，世界各国不但争相上延教育以尽可能地发展高等教育，而且竞相下伸教育以尽可能关注学前教育。教师是教育教学的第一资源，是实施教育教学工作的关键主体和核心枢纽，直接决定着教育教学的效果与质量。毫无疑问，千方百计地加大师资培养力度、提升教师队伍的整体素质，实属教育强国的必经之路。学前教育是个体正式接受教育的起点，是整个教育事业的奠基工程，是国民教育体系的重要组成部分，是重要的社会公益事业，是提升国家综合国力的基础性事业。目前，世界诸多国家为了走教育强国之路，已经在学前教育这块曾经遭受冷落的教育原野上展开了激烈的角逐，而为了在新一轮角逐中保持领先地位，各国已经不约而同地加大了对学前教育师资（幼儿教师）的培养力度。对此，我国也有所动作，《国家中长期教育改革和发展规划纲要（2010—2020 年）》就明确指出："严格执行幼儿教师资格标准，切实加强幼儿教师培养培训，提高幼儿教师队伍整体素质。"

教师教育是涵盖教师职前培养、入职教育和职后培训三个阶段的一体化过程。从这三个阶段所处的地位看，职前培养阶段是教师系统地学习学科专业知识与技能、教育专业知识与技能，以及广泛地了解通识文化知识与技能的关键阶段，是教师专业发展的奠基阶段，是教师潜力激发的黄金阶段。鉴于此，教师的职前培养历来被视为整个教师教育的重头戏，幼儿教师的职前培养自然也不例外。所谓幼儿教师的职前培养，主要是指学前教育专业人才的培养。综观已有研究可知，国外在学前教育专业人才培养方面的研究已进入比较研究阶段，至今已积累了诸多相关经验；我国学前教育专业人才培养的研究仍处于初步的实践探索、经验总结及理论构想阶段。理论上的缺乏导致了实践中的迷惘。目前为止，不少教师教育机构在培养学前教育专业人才的过程中，因缺乏可以借鉴的培养模式而不得不"摸着石头过河"。为此，在教师专业化的背景下，借鉴国外的学前教育专业人才培养经验，探索适合我国国情的学前教育专业人才培养模式实属必要。笔者应和这种时代需求，对这一问题进行研究并取得了一定的理论成果。

本书立足于幼儿教师专业发展的视角，为着力改变当下学前教育专业人才培养过程中学术性与师范性此消彼长或左右摇摆的现实局面，以及全面提升学前教育专业人才的培养质量，综合运用文献法、思辨法、德尔菲法及问卷调查与访谈调查等理论与实践相结合的研究方法，系统地探讨了学前教育专业的人才培养模式。

目 录

第一章　绪 论

第一节　研究的背景和意义

一、研究背景

（一）学前教育的重要地位越来越凸显

学前教育是一个人接受教育的起点，是教育的奠基工程。学前教育的成败将直接影响到一个人一生的发展和国家未来的发展。随着社会和学前教育事业的发展，社会对学前教育师资的要求也在不断提高，提高学前教育师资的质量已成为各国教育界共同关注的问题。当今的学前教育机构承担了越来越多的社会责任，如何培养适应早期教育所需要的师资成为幼教界最关注的问题之一。与此同时，社会转型中的学前教育呈现出了办园体制多元化、托幼一体化、教育服务多样化、早期教育从数量扩张转变为质量提升等新趋势，这对学前教育师资培养也提出了新的、更高的要求。

（二）社会对学前教育师资的要求越来越高

学前教育是基础教育的重要组成部分，学前教育师资数量和质量是学前教育事业发展的关键因素。当今，随着科学研究和世界学前教育事业不断发展，而国内学前教育师资素质的整体水平较低，这已经严重影响到了学前教育的健康发展，这一问题越来越受到国家和社会的广泛关注。

（三）具有本科学历的学前教育师资越来越紧缺

人们发现，随着学前教育事业的不断发展及学前教育改革的不断深入，仅仅具有传统意义上的幼儿保育技能及其幼儿教育技能的幼儿教师越来越难以适应现代学前教育事业的发展。从国外学前教育事业发展的现实来看，为了大幅度提升学前教育质量，不少国家开始大规模聘用具有扎实的学前教育理论的幼儿教师，一些发达国家甚至将本科学历定位为幼儿教师应该具备的最低学历。目前，由于具有本科学历的幼儿教师在学前教育方面的优势日益凸显，我国广大幼儿教育机构（尤其是幼儿园）越来越欢迎具有本科学历的幼儿教师。然而，高等师范院校兴办学前教育专业的历史很短，培养的具有本科学历的学前教育师资极为有限，加之不少具有本科学历的学前教育师资因经济收入与社会地位均较低等，使得真正具有本科学历的从事幼儿教育事业的师资十分稀缺。这一现实反差，使得具有本科学历的学前教育师资越发成为幼教界的稀有资源。

（四）开设学前教育专业的高校越来越多

在广大幼儿园及其他幼儿教育机构越来越青睐具有本科学历的学前教育专业人才的情况下，越来越多的高校开始着手开设学前教育专业，就连昔日一些兴办专科层次学前教育专业的高校也想方设法与本科高校联合开办学前教育专业，相比之下，乐于开设学前教育专业专科层次的高校则越来越少。尽管幼儿园同样需要大量的专科层次师资，但是随着学前教育的国际化，有意愿开设学前教育专业的高校逐渐增多，而愿意开设学前教育专科专业的高校则明显减少。

（五）对可以借鉴的学前教育专业人才培养模式的呼声越来越高

在学前教育专业本科人才稀缺，且高校虽然争相兴办学前教育专业但因为无可借鉴的人才培养模式而在人才培养过程中亦步亦趋的当下，实践界对可以借鉴的学前教育专业人才培养的渴望越来越强烈。在此背景下，借鉴国内外的相关经验，探索适合我国国情的学前教育专业人才培养模式委实重要与必要。

二、文献综述

随着社会的发展和人们早教意识的觉醒，学前教育的重要价值越来越凸显，政府对于学前教育越来越重视，学界对学前教育也越来越关注。以“幼儿教师职前培养”“学前教育专业培养”“学前教育专业本科培养”及“学前教育专业培养”为题名检索文献发现，近年来，国内外有关学前教育问题的研究明显增多。

从国外情况看，学前教育专业的研究包括入学要求、培养年限和层次要求、课程体系等在内的师资培养模式、教学内容以及教学策略等。

从国内情况看，已有的学前教育专业研究主要集中在六个方面。

一是谢坤、罗竞、郭建敏、巩汝训、黄俊官及杨超等学者立足不同角度对学前教育专业人才培养实践过程中积累的相关经验进行了系统的总结。比如，谢坤、郭建敏在总结江西省学前教育专业培养现状的基础上，通过比较江西省本科、高职、高专和中专四种层次院校的学前教育专业培养方案，对其培养目标、招生选拔和培养年限、核心主干课程、课程性质和结构比例、实践教学环节等方面的异同进行了总结与分析。罗竞以河池学院为例，从培养目标的定位、专业课程的设置以及师资队伍的建设等方面，探讨了地方院校学前教育专业应用型人才和复合型人才培养模式的构建。李东瑛基于园校互动平台，倡导建立“人才共育”的园校互动平台，推广“工学结合”的园校深层合作的五年制学前教育专业人才培养模式。刘吉祥、曾冠群、汪铁桥对“工学结合、异地教育”的三年制学前教育专业培养模式进行了探索，指出了“工学结合、异地教育”是将学习与工作结合在一起的教育模式，是由“四段渐进式”培养方案构成的。

黄俊官、杨超又通过对玉林师范学院教育科学系实施的田园耕作式人才培养模式进行了探讨，分析了田园耕作式人才培养模式产生的背景，重点对田园耕作式人才培养模式的理论依据、内涵和特点及其实施过程进行了详细的分析和归纳，以供同行开展实践与研究。李莉、于开莲在全面、详细、深入地阐述我国幼儿教育家张雪门先生关于实习的意义、原理、阶段、内容及指导等方面思想的基础上，指出了其对我国当前幼儿教师职前培养的启示，即“教育实习应当贯穿幼儿教师职前培养的全过程；教育实习应当是经过系统组织和周密计划的；教育实习的范围和内容应当既广泛又深入；教育实习应该通过为社会服务来增强师范生的社会责任感和主观能动性；教育实习应重视师范生职业态度、职业情感、职业品性的形成”。

二是杜燕红、王迎兰、崔志莉、甄俊芳和崔忠艳等学者从实证层面探讨了学前教育专业的课程设置、培养目标等方面存在的现实问题。比如，杜燕红从专业建设的角度对本科层次学前教育专业的培养目标规格与课程体系进行了探讨，她指出，“本科学前教育专业培养目标规格应立足于多维向度考量，分层培养”。王迎兰立足于我国各级院校学前教育专业培养目标的现状，对其中存在的问题进行了分析，并对化解与之相对应的问题的对策进行了阐述。陈姝娟、李晖、蒋菊立足于高等师范学前教育专业面临的困境，从调整培养目标、变革招生方式、更新课程实施模式和创新教学方法等方面，提出了重新构建适应新时代发展的高等师范学前教育专业培养模式的思路。林菁在分析高等师范学前教育专业现状的基础上，从招生制度、培养目标、课程设置及师资建设等方面探讨了高等师范学前教育专业人才培养模式改革问题。黄小丽专门探讨了本科层次学前教育专业的培养目标问题，她指出，当前众多高校在人才培养目标定位方面存在过于宽泛、模糊、缺乏针对性的缺点，混淆了培养目标与就业方向、培养规格等问题。她还指出，基于社会对学前教育专业人才的需求和学前教育专业的可持续发展考虑，本科层次学前教育专业应以培养具有一定理论基础、扎实专业技能与基本研究能力的幼儿教师为主要培养目标。黄小丽、任仕君采取目的抽样的方法选取了我国30所开办学前教育专业时间较长的高校的学前教育专业本科生培养方案，采用内容分析法对其培养规格进行编码分析，从“政治素养”“知识基础”“理论素养”“专业技能”“科研能力”等方面全面呈现出了我国学前教育专业本科生培养规格现状，并对大多数高校存在的培养规格与培养目标不一致，培养规格内容庞杂、不具体等问题进行了分析。刘艳玲、袁婷婷在分析当前专科层次学前教育专业人才培养目标相对不足的基础上，以萍乡学院的专科层次学前教育专业为例，提出了专科层次学前教育专业人才培养目标应该调整的方向。

三是秦金亮、赵南、朱丽丽、秦葆丽等学者从理论层面对学前教育专业的培养目标、课程体系、师资建设及实践教学等方面的问题开展了初步的研究。比如，秦金亮立足于教师专业发展的视角，对学前教育专业中通识课、专业基础课、专业主干课、选修课的技能操作，以及各学期安排的见习实习、短期社会实践、寒暑假社会实践、毕业前综合实习及毕业论文等所有培养幼儿教师操作技能和智慧技能的实践课程教学环节的整合问题进行了探讨。杨琳琳基于教育部2012年颁布的《幼儿园教师专业标准（试行）》，对高等师范学前教育专业培养目标进行探讨后指出，学前教育专业化人才应自觉尊重幼儿的权益和主体地位，尊重幼儿的身心发展特点和保教活动规律；具有职业理想与职业道德，尊重和热爱幼儿，能为人师表、履行教书育人的基本职责；掌握系统的幼儿发展知识、幼儿保育教育知识及广博的科学文化知识，并具有将其积累转化为实践智慧和情景性知识的能力；具有终身学习与持续发展的意识和能力。康丹从教师专业发展的视角，专门探讨了学前教育专业培养目标的构建问题。赵南立足于新时代背景，专门探讨了学前教育专业专科层次的人才培养目标。他指出，学前教育专业专科人才培养目标的确定既要体现培养性质的基本要求，又要考虑和满足当前学前教育事业与专业发展的实际与需要，积极应对学前教育专业发展面临的挑战，培养富有创业精神与能力的人才；坚持培养富有专业气质与能力的人才；根本转变学生的学习方式，培养积极主动的终身学习者；全面提升学生的文化素养，培养有文化、有理想的高素质公民。张晗基于全语言教育理念，系统阐述了学前“全语言教育”人才培养模式。徐启丽基于《幼儿园教师专业标准（试行）》，构建了学前教育专业的人才培养目标定位、课程体系构建、课程实施方案、课程质量评价策略。周欣以《新疆维吾尔自治区中长期教育改革和发展规划纲要——高等教育发展规划（2010—2020年）》为依据，以培养新疆少数民族学前双语教师为突破口，立足实践导向，从培养目标、培养层次、课程体系、支持平台、队伍建设、制度建设和考核评价等方面探讨了学前教育专业人才培养模式。庞云凤、张宗业立足于研究专科层次学前教育师资职前培养，从培养目标、课程设置及教学模式等方面分别阐释了三年制对口高职学前教育专业人才培养模式、五年制初中起点学前教育专业人才培养模式以及三年制高中起点学前教育专业人才培养模式。

四是曹霞、汪丞、王建梁、曾莉、周艳玲、王晓岚、丁邦平、杨晓萍、何孔潮从比较的角度，对美国、英国、日本、俄罗斯、芬兰、奥地利、意大利、丹麦、比利时、荷兰、德国、挪威、法国、爱尔兰、加拿大等国的学前教育师资职前培养特点进行了阐述，并在此基础上提出了可供我国学前教育师资职前培养借鉴的成功经验。比如，曹霞对20世纪80年代以来美国加利福尼亚州幼儿教师职前培养的历史沿革及其背景进行了阐述，对加利福尼亚州幼儿职前培养体系的基本内容进行了介绍，对于加利福尼亚州幼儿教师职前培养的特点及问题进行了论述，并在此基础上提出了可以供我国幼儿教师职前培养借鉴的成功经验。曾莉在比较美国、英国、日本、俄罗斯、芬兰等15个国家的学前教育师资职前培养模式的基础上提出了我国学前教育师资职前培养过程中应该关注的三大问题：提高入学要求，增强幼儿教师的素质；提高办学层次，设置适宜的培养机构体系；优化课程设置，让教育和实践更好地结合。周艳玲利用比较的方法，阐述了美国幼儿教师职前培养的依据及特征，并根据此指出了我国幼儿教师职前培养应“坚持以专业性为导向设置高师院校的学前教育课程；坚持以实践为取向，培养幼儿教师的实践操作能力”。王晓岚、丁邦平同样利用比较的方法指出，美国学前教育师资培养特点表现为“政府立法确保学前教育师资培训的实施，并给予资金保障；采用专业权威团体研发的标准化评估体系保证学前教育师资培训质量；将教师培训与教师资格认证制度相结合，促使幼儿教师不断地追求卓越与优秀；职前培训、入职培训与在职培训的密切联系规划了幼儿教师的专业成长生涯”，我国可以从美国学前教育师资培养中获取的经验：应尽快制定我国幼儿教师教育标准，设立以实践为目标、以教学为核心的评价体系和考核制度，提高幼教师资整体质量，促进幼儿教育职业的专业化；加强师范院校与幼教机构的联系，实现教育理论与实践的融合，确保学前教师的教学质量；大力培养高级幼儿教育导师，建立、健全覆盖所有在职幼儿教师的专业发展培训体系。杨晓萍、何孔潮利用比较的方法探讨了美国幼儿教师职前培养的历史、现状与走向，他们指出自由与规范是美国的幼儿教师职前培养150余年发展历程的两大价值取向；标准本位的培养目标、基于认证的培养机构、多元取向的培养计划构成了美国幼儿教师职前培养的专业化和多元化现实图景；基于社会正义的高质量诉求是美国幼儿教师职前培养的未来走向。汪丞、王建梁利用比较的方法，在剖析日本幼儿教师职前培养、职后培训特点的基础上，指出我国幼教师资培训应注重“提高幼师的招生起点，提升学历层次；改革幼师职前职后教育的内容和方式；完善职后培训激励机制；加强对民办幼儿园教师任职资格与培训的管理；加强保育员任用资格和培训制度建设”。解希静、程利介绍了英国、美国幼儿教师职前培养的相关要求与标准。

五是张作岭、冯莉、张莉等人专门探讨了农村学前教育师资问题。比如，张作岭、冯莉及张莉撰文指出，当下农村学前教育师资队伍面临数量严重不足、学历水平较低，身份地位不明确、待遇难以保证，专业素质偏低、缺乏自我发展愿景等问题，其解决对策在于：改革职前教育，多种形式培养合格的农村幼儿教师。强化职后培训，多种渠道提升幼儿教师的专业素质。

六是夏道明、田章飞探讨了男幼儿教师的职前培养问题。比如，夏道明的研究指出：“随着学前教育改革的深入，越来越多的男生进入到学前教育领域学习。但是，由于受传统观念的影响，目前男幼儿教师职前培养模式大多沿用女幼儿教师的培养模式，没有独立的培养体系，不利于男幼儿教师职业素质的培养与发展。对此，幼儿教师教育机构在男性幼儿教师的职前培养中，应在‘以生为本’‘因性施教’的原则下，积极思考定好目标、选好内容、用好方法、塑好心理、练好能力、造好优势等方面的内容，努力构建男幼儿教师职前培养新模式。”夏道明、田章飞在调查安徽省幼儿家长对男幼儿教师职业素质期望之后提出，在目标定位上，制订男幼儿教师的培养课程方案，在专业课程教学中实施区别化教学，除开展学前教育、美术手工、音乐等基础课程外，应开展有利于挖掘男生潜在优势的课程，例如体育、游戏、科技等，在幼儿园实际教育中与女生所擅长的科目实现优势互补；在教育实践中，应当根据男生特点，提供更多的观摩男幼儿教师教学活动的机会，尤其是能展示男幼儿教师特质的教学活动项目，同时尽可能安排男生在有男幼儿教师的幼儿园里实习等；关注学前教育专业男生的专业思想，进行职业规划教育，加强对男幼儿教师的思想道德品德的教育，以生为本，培养男幼儿教师的爱心、责任心，确保其努力做到以身立教、为人师表；幼儿园应该建立合理、完善的评价和奖励机制，考虑幼儿教师的性别特点，在工作安排上要体现男幼儿教师的特质需求，多给予男幼儿教师展示其才能的机会，让其感受到尊重、体验到成就感，必要时增加其薪酬待遇；完善教学管理制度，尽可能让男幼儿教师开展专职活动（如体育锻炼、游戏等），也可以安排男幼儿教师从事幼儿园辅助管理、电教技术及幼教科研工作，给予其独立工作空间，营造适合男幼儿教师的工作环境；男幼儿教师自身也应积极推动自身成长的步伐，摆正自己的位置，不提不切实际的要求，认真工作、刻苦钻研，努力为自己争取或者是赢得更多展示自己才能的机会；确保优秀男幼儿教师生源；制定免费招生等优惠学习政策；通过政策引导，推动男幼儿教师队伍的建设。

三、研究意义

综观已有研究可见，国外在学前教育专业人才培养模式方面的研究已进入比较研究阶段，迄今为止已经积累了诸多相关经验，我国对于学前教育专业人才培养模式的研究仍处于初步实践探索、经验总结及理论构想阶段。为此，在教师专业化的背景下，借鉴国外的相关经验，探索适合我国国情的学前教育专业人才培养模式实属必要。

本书研究的目的与意义在于以下四个方面：

其一，为学前教育专业提供新的培养模式。目前，学前教育专业学生既有艺术生又有普通生。由于艺术生和普通生在普通文化知识及艺术专业技能方面存在较大差异，高等师范院校理应对其进行差异性培养或制订一套适合两类生源学生进行选择性学习的培养方案。然而，从高等师范院校学前教育专业人才培养的现实看，根本没有适应这种生源差异的培养模式。这正是本书致力解决的问题之一。

其二，有力促进学前教育专业人才培养模式改革。从当下现实看，尽管高等师范院校都在不同程度地改革学前教育专业人才培养模式，但是培养目标模糊、培养课程陈旧、培养方式滞后的现象依然明显存在。这些也是本书要解决的主要问题。

其三，着力改变当下学前教育专业人才培养过程中学术性与师范性此消彼长或左右摇摆的现实局面。本书立足于幼儿教师专业发展理论、幼儿教师教育实践性理论、幼儿教师教育一体化理论和幼儿教师的实践性知识观，探索学前教育专业人才培养模式，正是力图改变这一现实局面。

其四，极大提升学前教育专业人才的培养质量。本书确立合格幼儿教师（学前教育师资）的素质结构是学前教育专业人才培养的目标定位，并以合格幼儿教师的各项素质为目标指向设计学前教育专业人才培养目标，无疑有利于学前教育专业人才培养质量的提高。

四、研究思路

任何研究都会遵循一定的研究思路，而研究思路都是建立在相应研究假设的基础之上的，要想明确研究思路，必然先要明晰研究假设，本书也不例外。简单地说，本书的研究假设主要有三点：其一，要想构建适合国情的学前教育专业人才培养模式，必须先探讨构建该模式的理论基础及相关依据；其二，本科层次、专科层次及中专层次的学前教育专业毕业生应该具有不同的素质，因而其培养目标理应不同，为此，要想构建适合国情的学前教育专业人才培养模式，理当事先明确学前教育专业本科毕业生应该具备的素质结构，这一素质结构就是培养目标；其三，学前教育专业人才培养模式主要包括培养目标、培养课程、培养方式及培养制度等内容，因而必须对此逐一进行探讨。

基于以上假设，本书确立了以下研究思路：首先，探讨构建适合国情的学前教育专业人才培养模式的理论基础；其次，阐述构建适合国情的学前教育专业人才培养模式的依据；再次，明确学前教育专业本科毕业生应该具备的素质结构；最后，从培养目标、培养课程、培养方式及培养制度等方面构建学前教育专业人才培养模式。

五、研究方法

本书综合运用多种理论研究方法和实证研究方法。在研究过程中，综合运用文献法与思辨法界定“学前教育”及其相关概念；运用文献法梳理国内外有关学前教育专业人才培养问题的研究成果；运用内容分析法、文献法与调查法（问卷及访谈法）探讨学前教育专业毕业生应该具备的素质结构；运用比较研究法剖析当下国外比较有代表性的学前教育专业师资培养模式的特点及其优缺点；运用综合分析法阐述学前教育专业人才培养模式应有的培养目标、课程体系、培养制度以及教学方式。

第二节 概念阐释

一、学前教育概念阐释

要想理清学前教育这一概念的含义，必须明确与之相近的几个概念，如启蒙教育、早期教育、亲子教育、幼儿教育等。目前，关于这些概念，学界或许觉得太通俗而无须加以阐述，或许觉得太复杂而难以阐释，总之，目前为止，鲜见有专门定义这些概念的文献。为此，本节将专门对这些概念进行逐一阐释。

（一）启蒙教育

目前，关于启蒙教育的含义，学界不但尚未达成共识，而且有关阐述也非常少。不过，学者们普遍认为，要合理界定启蒙教育，必须先明晰启蒙的含义。

何谓启蒙？当下，有关启蒙的定义较多，且不尽一致。比如，黑格尔认为，“启蒙是在扬弃着信仰本身中原来存在的那种无思想的或者更确切地说无概念的割裂状态”。霍克海默和阿多诺指出：“就进步思想的最一般意义而言，启蒙的根本目标就是要使人们摆脱恐惧，树立自主。”康德指出，启蒙就是要改变思考方式，在知性的准则中确立“永不被动的理性”，从而使人能够独立地、无偏见地思考。现代汉语词典的解释：启蒙是指使初学的人得到基本的、入门的知识。《辞海》将启蒙解释为“开发蒙昧，指教育童蒙，使初学的人得到基本的、入门的知识。亦指通过宣传教育，使后进的人们接受新事物而得到进步”。此外，有些学者从启蒙的范围上对启蒙进行了界定。比如，以洛克和法国唯物主义者为代表的学者认为，蒙即知识之蒙，启蒙即知识的启蒙，主张启蒙就是开智和传授知识；以休谟和哈奇森为代表的学者指出，蒙即情感之蒙，启蒙主要是情感的启蒙，主张启蒙即陶冶个体的情感和趣味；以康德为代表的学者认为，蒙是认识之蒙，启蒙即主体资格的启蒙。本书认为，蒙是指某种蒙蔽、束缚或遮蔽，启是指启发、开启或是引导，而启蒙与古希腊的“教育”和中世纪的“人性”一脉相承，其英文译为以光芒照亮事物，引申义为开导蒙昧，使之明白事理。启蒙的引申义是指通过别人的启发、开启或引导，个体冲开蒙蔽、束缚或遮蔽，逐步明白事理和成人成才的过程，这一过程贯穿人生的方方面面，包括智力的启蒙、情感的启蒙、道德的启蒙、主体资格的启蒙、科学思维方式的启蒙及健全人格的启蒙等。

何谓启蒙教育？有人认为，启蒙教育是指为儿童提供运用自身思维和经验的环境和机会，为儿童的选择、思考与创造提供多元、自由的空间，帮助儿童积极主动地与他人交往、互动，支持、引导和帮助儿童自由思考和自由表达，使其通过对自身存在与生存环境的体验和感悟来把握自身与他人的生命特质和生活意义，从而体会到生命的自由、激情与力量，并在这些体验和感悟中不断地否定自我、生成新我。有人认为，启蒙教育是教育的起步阶段，其目的是为个体的自由、解放和发展提供必要的切入点和引导。那么，到底怎样界定启蒙教育更为合适呢？本书认为，启蒙教育不应局限于个体的生命早期，而应贯穿于个体成人、成才的始终；启蒙教育不仅是提供入门知识的教育，也不仅是百科知识的教育，而应是涵盖智力、情感、道德、主体资格、科学思维方式及健全人格等方面的启蒙。对此，本书指出，启蒙教育是指教育者针对受教育者的某种蒙蔽、束缚或遮蔽状态，通过为受教育者提供一定的时空环境与条件，引导受教育者在体验知识、情感、道德、思维及自我生命特质与生活意义的基础上，冲开相应的蒙蔽、束缚或遮蔽，从而获得身心发展的活动。

（二）早期教育

关于早期教育的界定可谓众说纷纭，但是大体上可以概括为如下两类：一类从受教育者年龄的角度对早期教育进行界定。比如，《辞海》定义，早期教育是指对小学阶段以前的婴、幼儿进行的教育；有人主张，早期教育远应包括胎教，但至少指 2 ~ 6 岁幼儿园孩子的教育；有人指出，早期教育主要指针对 0 ~ 6 岁婴、幼儿实行的保育和教育，而传统意义的早期教育专指 0 ~ 3 岁这一阶段的教育。类似的观点还有，婴、幼儿早期教育是指根据宝宝从一出生到 3 岁这一阶段身心发展、发育的特点，适时、适当地进行德、智、体、美的教育；还有人主张，早期教育是指从人出生到小学以前阶段的教育，甚至可以延伸到出生以前的母亲怀孕期的胎教。此外，2006 年英国政府于 2006 年出台的《儿童保育法》指出，学前教育是指为 0 ~ 5 岁儿童所提供的学习、发展以及保育服务。另一类则从教育目的的角度对早期教育进行阐述。比如，有人提出，早期教育就是及早地对儿童进行教育培养的一种教育思想、思潮或措施；有人认为，早期教育就是对 0 ~ 6 岁儿童进行有目的、有计划的刺激和训练，从而最大限度地开发其体力和智力，使其形成良好的品德和个性；有人主张，早期教育是指对 0 ~ 6 岁，特别是对 0 ~ 3 岁婴、幼儿进行有组织和有目的的、丰富的教育活动，其目的是开发婴、幼儿的潜能，婴、幼儿潜能开发包括身体潜能的开发和心智潜能的开发两个方面，后者又可分为智慧潜能的开发和人格潜能的开发。此外，类似的观点还有，幼儿早期教育就是根据教育发展规律、幼儿身心成长规律，对幼儿施以有计划、有目的的全面教育，因为幼儿阶段是智力、品德形成与发展的关键时期，良好的素质决定了个体在未来社会中所能取得的成就；还有人认为，早期教育是指儿童在进入小学之前，根据每个儿童各方面的不同特点，对其进行有针对性的潜能开发，以便提高儿童在表达、智力和交际等各方面的综合素质。

由此可见，关于早期教育的时段，迄今尚未达成共识，但 0 ~ 3 岁阶段的教育必然属于早期教育的范畴；关于早期教育的目的，尽管已有表述并非一致，但有一点是相同的，即都强调早期教育的目的是促进个体的身心发展。为此，本书认为早期教育是指个体在接受正规的学校教育之前，尤其是在 0 ~ 3 岁阶段所接受的有目的或有针对性的保育和教育活动。

（三）亲子教育

亲子教育概念在国内最先见于《亲子学苑教材》，但是此书并未对亲子教育的本质与内涵进行阐释。亲子关系本是遗传学中的专业用语，意指亲代和子代之间的生物血缘关系，但其应用到教育心理领域后，迄今为止并无统一定义，可谓是众说纷纭。下面介绍一些比较有代表性的关于亲子关系和亲子教育定义的观点。

有人从教养行为的角度来定义亲子关系。例如朱智贤认为，亲子关系是父母与其亲生子女、养子女或继子女之间的关系。

有人从血缘和教养行为相结合的角度来定义亲子关系。如雷雳、王争艳、李宏利认为，亲子关系是父母与子女之间的关系，是以血缘和共同生活为基础，以抚养、教养、赡养为基本内容的自然关系和生活关系的统一体。张秋风认为，亲子关系是以血缘和共同生活为基础的父母与子女之间的关系，其子女包括亲生子女、养子女和继子女。

有人从亲子之间的互动作用角度来定义亲子关系，如刘晓梅、李康将其定义为“以血缘和共同生活为基础的父母与子女间相互作用所构成的、亲子双维行为体系的自然关系和社会关系的统一体”。

有人从亲子教育的目的和互动作用相结合的角度来定义亲子教育。比如，欧伟认为，亲子教育以亲子活动为载体、以亲子双向沟通互动为教育模式，通过培训父母，以达到提升父母教育孩子的素质和能力的目的；汪娟认为，亲子教育是指基于增进儿童健康和发展的目的，专业的教育组织或个人为 0 ~ 3 岁婴、幼儿的家长或其他主要教养者提供科学的抚育孩子的知识和技能，以及相应的咨询和服务的一种教育形式。亲子教育以教父母、育孩子为核心内涵，以亲子教育活动为载体，以家长或其他主要教养者的教育为主要内容，以亲子之间的相互作用、交流和互动为基本形式。有人指出，亲子教育是基于增进儿童的健康和发展的目的，为双亲和其他的保育者提供专业的知识和抚育孩子技能的活动。徐伟指出，亲子教育是指以亲缘关系为主要维系基础，以家长与孩子在情感上的交互作用为核心内容，以培养婴、幼儿身心健康发展为目的的新型早期家庭教育模式。

有人从亲子教育的本质、内涵出发来定义亲子教育。比如，胡育认为，“亲子教育是家庭教育内涵的深化和发展，它包括了亲职教育和亲情教育两个主要部分，一为‘怎样做父母’的尽职教育；二为父母‘如何与子女建立正向的亲子关系’的高情感教育”。

有人从亲子教育的对象和内容出发来定义亲子教育。比如，赵晶认为，“亲子教育是以负有教养责任的成人为对象，以增进父母和子女关系为目标，为教养效能、教养理论和技能教育而开设的终身学习课程”。李敏将亲子教育界定为，负有教养责任的成人与孩子一起，在专业人员的指导下共同活动，进而提升成人的教养素质，增进亲子关系，促进孩子身心健康发展。

有人通过与家庭教育的比较来理解亲子教育。比如，董旭花认为，亲子教育强调父母、孩子在平等的情感沟通的基础上的双方互动，而且亲子教育涵盖了父母教育和子女教育两个方面，它通过对父母的培训达到对亲子关系的调适，从而更好地促进了儿童身心健康发展。林碧英认为，亲子教育是针对家庭内部成员之间（主要是父母亲与孩子之间）的关系的调适而进行的教育，主要是对父母的培训，以提升其素质。

综上所述，尽管不同的学者立足于各自的理解从不同的角度对亲子教育进行了定义，但他们都强调了这样几点：第一，亲子教育的对象包括婴、幼儿及其父母（或监护人，或与婴、幼儿密切接触的看护人）；第二，亲子教育以亲缘关系为主要维系基础；第三，亲子教育的目的既包括提升孩子的整体素质，又包括提升父母的教育素养和能力，它“涵盖了家长教育和子女教育两个方面”；第四，亲子教育并不同于传统的家庭教育和儿童教育，它更注重家长与孩子之间的平等互动与双向交流；第五，亲子教育注重形成和谐的亲子关系。对此，本书认为，亲子教育是一种超越家长教育和家庭教育的新型教育类型，其教育对象包括孩子及其家长（父母，或监护人，或与幼儿密切接触的看护人），其表层目的是提升家长的教养能力与综合素质，深层目的是促进孩子的身心全面发展。

（四）幼儿教育

幼儿教育是整个教育的重要组成部分，其重大价值日益为人们熟知。尽管幼儿教育自古就受到人们的关注，比如，我国古代家庭教育思想中便有“教子婴孩”“早欲教”一说，但迄今为止，人们对幼儿教育这一概念并未达成共识。从已有文献来看，专门阐释何为幼儿教育的研究十分有限，审视这些相关文献发现，关于“幼儿教育”的定义主要有以下两类：

一类是从教育对象的角度来界定幼儿教育。比如，有人提出，幼儿教育即“3 ~ 6 岁儿童的教育，属于学前教育的一个阶段”。类似的观点还有，幼儿教育是指 3 ～ 6 岁年龄段的教育；广义的幼儿教育是指从出生到入小学以前儿童的教育，狭义的幼儿教育即 3 ～ 6 岁儿童的教育；幼儿教育主要指的是对 3 ～ 6 岁年龄阶段的幼儿所实施的教育；幼儿教育是对入小学前儿童实施的教育，又称学前教育。

另一类是从教育机构的角度来界定幼儿教育。比如，有人认为，幼儿教育指的是“教养机构根据一定的培养目标和幼儿的身心发展规律对入学前的幼儿所进行的有计划的教育”。类似的说法还有，从广义上讲，但凡是能够影响幼儿身体成长和认知、情感、性格等方面发展的有目的的活动，例如幼儿在成人指导下看电影、做家务、参加社会活动等，都可以说是幼儿教育。而狭义的幼儿教育则特指幼儿园和其他专门开设的幼儿教育机构的教育；幼儿教育是幼儿教育机构根据一定的培养目标和幼儿的身心发展特点，对入小学前的幼儿所进行的有目的、有计划、有组织的教育。幼儿教育可视为幼儿园教育，“是指由幼儿园承担的，由专职幼教工作者根据社会需求，对在园幼儿实施的有目的、有计划、有组织的，以促进其身心全面发展的社会活动”。

本书认为，幼儿教育不一定仅局限于专门的幼儿教育机构，只要是对幼儿实施的教育都可以称为幼儿教育。由于“幼儿期是指儿童从 3 岁到 7 岁这一时期”，因而，幼儿教育泛指对 3 ～ 7 岁儿童实施的有计划、有目的的教育，这种教育既可以由专门的幼儿教育机构实施，也可以由其他社会机构、家庭甚至个体实施，其目的是促进幼儿身心全面发展。

（五）学前教育

何谓学前教育？为了统一话语体系，联合国教科文组织于 1981 年 11 月在法国巴黎召开的国际学前教育协商会议上，对学前教育这一概念进行了专门的讨论：能够激起从出生至进入小学的儿童（小学入学年龄因国家不同而有 5 ～ 7 岁之不同）的学习愿望，给他们学习体验，且有助于他们整体发展的活动总和。尽管有了这一指导性的阐述，但我国学者对学前教育的理解仍旧存在一定的差异，主要观点有以下三种：

第一种观点立足教育对象来定义学前教育。比如，有人认为，学前教育是指对出生至入学前儿童的教育；有人提出，所谓学前教育，从专业角度讲，是指 0 ～ 6 岁年龄段的婴幼儿教育；有人主张，学前教育指对从胎儿至进入小学前的儿童所进行的教育、组织的活动和施加的影响，它的教育对象包括胎儿、婴儿（0 ～ 3 岁）、幼儿（3 ～ 7 岁）；有人指出，学前教育有广义和狭义之分，广义的学前教育是指对 0 ～ 7 岁的儿童实施的保育和教育，狭义的学前教育是指对 3 ～ 7 岁的儿童实施的保育和教育。

第二种观点立足教育机构来界定学前教育。比如，有人指出，学前教育主要是指在托幼机构对 0 ～ 6 岁幼儿实施的保育和教育活动；有人主张，学前教育是指幼儿入小学前在教养机构所受的教育，旧称为“幼稚教育”，现在又称“幼儿教育”；有人认为，学前教育亦称幼儿教育，是指幼儿入小学前在幼儿园所受的教育；有人更加具体地指出，“学前教育泛指从出生至 6 岁前儿童的教育，包括学前社会教育和家庭教育。其中，学前社会教育指凡由社会设施或资助，指派专人实施或辅导的各种机构或组织所进行的教育，其形式多种多样，在我国以托儿所、幼儿园为主。托儿所收托 3 岁以下婴儿，幼儿园收托 3 ~ 6 岁前幼儿”。类似的观点还有，“学前教育是指以学前社会教育为主、家庭教育为辅的，在各种机构对 3 ~ 6 岁儿童进行的保育和教育活动。实施这种教育的机构主要是指幼儿园，包括公办幼儿园和民办幼儿园，但不包括一些以英语、艺术等为特色的专门的培训班，也不包括专门招收 3 岁以下幼儿的托儿所”。

第三种观点则立足于教育目的来界定学前教育。比如，有人认为，“学前教育是旨在促进学前儿童（0 ~ 7 岁）身心全面、健康、和谐发展的各种活动与措施的总和”。有人指出，学前教育是由家长及幼师利用各种方法、实物，为开发学前儿童的智力，有系统、有计划且科学地对他们的大脑进行各种刺激，使大脑各部位的功能逐渐完善的活动。

综上所述，广义的学前教育泛指对零岁至入小学之前的儿童施加的各种保育和教育活动；狭义的学前教育特指学前教育机构的教育者（主要是幼儿园教师）对其幼儿园儿童进行的有目的、有组织、有计划的各种保育和教育活动。本书所指的学前教育，即这种狭义的学前教育。

二、本科专业阐述

（一）本科

本科一词，在《现代汉语词典》的解释是，本科是大学或学院的基本部分（区别于预科、函授部等）；在《中国百科大辞典》的界定是，本科是高等学校的一个层次，是大学教育的基本组成部分，内设若干专业，招收高中毕业生或具有同等学历者，经统考择优录取，修业 4 ~ 5 年，培养高级专门人才；在百度百科上的定义是，本科即大学本科专业学历，是高等教育的基本组成部分，一般是由大学或学院开展，极少部分的高等职业院校已经开展应用型本科教育。本科教育侧重于理论上的专业化通识教育，应用型本科教育侧重于应用上的专业教育和实际技能教育，学生正常毕业后一般都可以获取本科毕业证书和学士学位证书。

本书指出，本科有如下两层含义。其一是指高等教育中的一个教育层次，可理解为本科教育。它与专科教育、研究生教育一起，统称为高等教育。其中，本科教育位于专科教育之上、研究生教育之下，是高等教育的基本组成部分，是当下高等教育的主体部分。本科教育主要分为全日制本科和非全日制本科两种。全日制本科通常是通过全国各地高考、自主招生或保送等方式进行招生的，另外，专科生可以通过统招专升本考试接受全日制本科教育。非全日制本科主要分为自考本科、成人高考、远程教育、业余教育、开放教育等多种类型。一般情况下来说，接受本科教育的学生，在 4 ~ 6 年的时间内修完相关课程并达到规定的学分、完成学士学位论文且未出现某些不该出现的违法、违规、违纪等行为，便可以获得相应的本科毕业证书及学士学位证书。其二是指学习经历中的一个学历层次，可理解为大学本科学历（简称本科学历）。它与无学历、小学学历、初中学历、高中学历、中专学历、大学专科学历、研究生学历等学历并列，表示一个人的学习经历。具体来说，具有本科学历的人，是指修满相应本科专业预定的全部课程并获得相应学分后获得本科学历证书的人，具有本科学历的人通常能够获得本科学历证书，但是不一定能够同时获得学士学位证书。

值得指出的是，本科对应的英文在英文语境中的词义为“还未拿到学士学位或类似学位的大学生”，正因为如此，本科一词在中文语境里有时也指大学本科生。

（二）专业

专业是一个常见且常用的词语，不过在不同学者的话语体系里，这个词的含义却不尽一致。从已有文献看，学界对专业的界说主要有以下几种：

一是“专门职业说”。持这类观点的学者普遍认为，专业是专门性职业的简称，是一种含有专门性知识及专门性技能的职业，即特殊的职业或行业。弗赖森指出：“专业是一个正式职业；为了从事这一职业，必须进行以智能为特质的岗前训练，掌握相应的知识和某些高深的学问，它们不同于纯粹的技能。”赵康直简洁明了地指出，专业是专门性职业的缩写。

二是“学业门类说”。持这类观点的学者普遍认为，专业是高等学校或者是中等学校里培养学生的学业门类，这种学业门类的划分通常与社会生产部门的分工趋于一致。顾明远主编的《教育大辞典》中对专业的定义：“专业译自俄文，指中国苏联等国高等教育培养学生的各个专门领域。大体相当于《国际教育标准分类》的课程计划或美国高等学校的主修。根据社会职业分工、学科分类、科学技术和文化发展状况及经济建设与社会发展需要来划分。”《辞海》中对专业的表述：“高等学校或中等专业学校根据社会分工需要而划分的学业门类。”《现代汉语词典》认为，专业是指“高等学校的一个系里或中等专业学校里，根据科学分工或生产部门的分工把学业分成的门类”。

三是“课程组织说”。持这类观点的学者普遍认为，专业是学校课程体系的组织形式，学校将某些课程按一定的形式组织起来，以之培养具有专门知识与技能的学生。潘懋元、王伟廉等编写的《高等教育学》指出，专业是课程的一种组织形式。樊平军提出：“专业是大学为了达到特定的培养目标而系统组织起来的某些类型的知识组合，其本质是进入高等教育中的教育知识，即在高等教育活动中，作为教书育人的介质实现知识传授的那些内容。”卢晓东、陈孝戴认为：“专业是课程的一种组织形式，学生学完所包含的全部课程，就可以形成一定的知识与能力结构，获得该专业的毕业证书。”

四是“教学组织说”。持这类观点的学者普遍认为，专业是学校基本的教学组织，学校培养人才主要依赖这种教学组织。比如，教育部在关于全国农学院院长会议的报告中提出，所谓专业，是依据国家所需要的某项专门人才的标准以培养专家的基础教学组织，每个专业都有其适合培养该项专门人才的教学计划，计划中排列出培养该项专门人才所必须开设的课程。薛国仁、赵文华认为，专业是指根据学科分类和社会职业分工需要分门别类进行高深专门知识教与学活动的基本单位。

五是“教育社会说”。持这类观点的学者普遍认为，专业既是一个教育学的概念，又是一个社会学的概念，在不同的学科视野下，其含义存在差别，社会学视野下的专业通常是指社会分工类的职业，教育学视野下的专业一词的含义十分丰富。比如，曾任高等教育部副部长的曾昭抡认为：“专业就是一行专门职业或一种专长。按照苏联高等教育制度，专业是培养高级专门人才的目标；高等学校的教学设施是以专业为基础，系不过是学校里面的行政单位。”“每种专业，各有一套具体的教学计划。按照这种经过慎重考虑的教学计划去学习，学生毕业后，即可成为那一门的专家，立即可以担任起工程师或其他相当的职务。”周川认为，对于专业一词，可以从广义、狭义和特指三个层面来理解。广义的专业是指某种职业不同于其他职业的一些特定的劳动特点，它是伴随着社会分工的出现而产生的，职业的产生即意味着专业的出现。狭义的专业主要指某些特定的社会职业，这些职业的从业人员从事的是比较高级、复杂和专门化程度较高的脑力劳动。一般人所理解的专业，大多就是指这类特定的职业。特指的专业是指高等教育学意义上的专业，即高等学校中的专业，它是依据确定的培养目标设置于高等学校（及其相应的教育机构）的基本教育单位或教育基本组织形式。中国工程院院士、教育部高教司前司长张务学指出，专业是指在高等教育中，根据学科分类和社会职业分工等方面的情况，按照社会对不同领域和岗位的专门人才的需要来设置学业方向，分门别类地进行高深专门知识教与学活动的基本单位，它是课程的一种组织形式（基础课、专业基础课、专业课等一些课程组合构成了专业），是连接高深学问与社会需求的一种“中介物”。张兄武认为，专业是高等教育学意义上的专业，是特指的专业，是高等学校根据社会人才需求，按照学科知识体系内在逻辑和社会职业分工而划分的学业门类，它是高等教育人才培养的基本教育单位，也是课程或知识的一种组合方式。此外，冯向东提出了“专业处在学科体系与社会职业需求的交叉点上”的观点。郭石明指出，专业是社会分工在高等教育领域的一种表现形式。

由此可见，专业一词主要用于教育学和社会学两个学科，其内涵十分丰富，在不同的语境下，其含义有所区别。本书中的专业，特指高等学校中的学业门类。

（三）学科

从词源学的角度看，学科的最初概念与学习有密切的联系。学科一词源于拉丁语的动词“学习”，以及从它派生出来的名词“学习者”。在我国古代，学科有两个意思。一是指学问的科目门类，例如《新唐书·儒学传》载，“自杨绾、郑余庆、郑覃等以大儒辅佐，议优学科，先经谊，黜进士，后文辞，亦弗能克也”。二是指唐宋时期科举考试的学业科目，如宋代的孙光宪在《北梦琐言》卷二中称，“咸通中，进士皮日休进书两通，其一请以《孟子》为学科”。在法国，学科最初指用来进行自我鞭策、自我约束的小鞭子，在这种含义渐渐消失之后，学科变成了鞭策那些在思想领域进行探索的人的工具，再后来，他们把学科看作科学领域的一个组成部分。时至今日，学科一词所包含的意思越来越多，也越来越复杂。不过从梳理一些文献中发现，其定义大致可以分为以下五类：

一是“科学分支说”。这类观点的持有者认为，学科是科学领域里的知识体系按照一定的逻辑结构进行的相对划分，所有学科都是科学的分支。例如《现代汉语词典》指出，学科是知识发展成熟的产物，是专门化的知识体系，是划分知识或学问的门类，或者说是按照学问的性质而划分的门类。梁传杰指出，学科是指按知识体系自身的逻辑结构，在科学研究的发展过程中已形成自身相对稳定的研究领域进行的一种固定的划分，有自己的研究对象和范围。薛天祥认为，高等学校的学科主要是指按照科学的性质而划分的门类，学科一方面起着目录性的指导作用，规定着我们探索的范围，另一方面起着范型的作用。袁小鹏对学科的解释：“学科是由一定的知识理论体系和相应的组织结构、规训制度与方法构成的统一体。”张兄武对学科的理解：“作为知识分类体系的学科，是按科学的性质而划分的门类，是自然科学和人文社会科学两大知识系统的集合概念”。

二是“教学科目说”。这类观点的持有者认为，学科就是学校教学计划中的科目类别。如《中国大百科全书》对学科的解释，学科是“为了教学的需要把一门科学的浩瀚内容加以适当的选择、合理的组织和排列，使它适合学生身心发展的水平和某一级学校教育应该达到的程度”。

三是“学术组织说”。这类观点的持有者认为，学科是由一定的学术共同体组建而成的组织。比如，美国教育专家伯顿·克拉克在《高等教育新论》一书中明确地指出，“当我们把目光投向高等教育的‘生产车间’时，我们所看到的是一群研究一门知识的专业学者。这种一门门的知识称作‘学科’，而组织正是围绕这些学科确立起来的”。他在另一部著作《高等教育系统——学术组织的跨国研究》中再次指出，“学科明显是一种联结化学家与化学家、心理学家与心理学家、历史学家与历史学家的专门化组织方式。它按学科，即通过知识领域实现专门化”。

四是“‘二维’学科说”。这类观点的持有者认为，定义学科，应从两个维度展开：其一，从科学研究的角度看，学科是科学知识体系按一定逻辑进行的相对划分；其二，从人才培养的角度看，学科是学校用于教学的科目。比如，《辞海》对学科的定义有二：一是看成知识分类的一种形式，指一定科学领域或一门科学的分支，如自然科学中的物理学、生物学，社会科学中的史学、教育学等；二是“教学科目”的简称，即科目，学校教学的基本单位。《最新牛津现代高级英汉双解词典》对学科的解释有如下两种：一是知识分支；二是教学科目。

五是“‘三维’学科说”。这类观点的持有者主张从三个维度定义学科。比如，孔寒冰提出，从传递知识、教育教学的角度看，学科的含义指的是“教学的科目”，即“教”的科目或“学”的科目；从生产知识、学问研究的角度看，学科的含义则是指“学问的分支”，即科学的分支或知识的分门别类；从大学教学与研究组织的角度看，学科又可作为学界的或学术的组织单位，即从事教学与研究的机构。陆军认为，从创造知识和科学研究的角度来看，学科是一种学术的分类，指一定科学领域或者是一门科学的分支，是相对独立的知识体系；从传递知识和教学的角度看，学科就是教学的科目；从大学里承担教学科研的人员来看，学科就是学术的组织，即从事科学和研究的机构。高等学校学科专业结构、设置及管理机制研究项目组认为学科内涵可分为以下三类：其一，学科是与知识相联系的一个学术概念，是指知识的分类，指一定科学领域或一门科学的分支，是按科学的性质而划分的门类；其二，学科是指高等学校教学、科研等的功能单位，是对高等学校人才培养、教师教学、科研业务隶属范围的相对界定；其三，学科是指教学的科目，是学校教学内容的基本单位。

审视这些观点不难从中发现，迄今为止，学科主要有三层含义：一是作为科学的分支；二是作为教学的科目；三是作为学术的组织。在不同场合或语境下，应做出不同的解释或理解。

（四）课程

综观已有的相关文献，关于课程的定义可谓莫衷一是。正如朱家雄所言，“课程是教育中最重要、最繁难、最易被误解的教育问题之一”。为了明晰课程这一概念，本书先从词源学上对它进行考证，然后再基于已有的相关定义对它进行界定。

1. 课程含义的词源学考证

从中文方面看，课程一词最早见于唐代孔颖达为《诗经·小雅》中“奕奕寝庙，君子作之”一句做的注疏：“以教护课程，必君子监之，乃得依法制也。”不过，这里的“课程”之义与当下“课程”的含义相距甚远。之后，宋代朱熹在《朱子全书·论学》中多处使用课程一词，比如“宽着期限，紧着课程”“小立课程，大作工夫”等，此处的课程的意思与目前的课程之义十分接近，意指功课及其进程。宋代以后，课程的含义不断丰富。总的来看，我国古代课程的基本含义是指，人们预定分量、内容和步骤并据以刻苦努力地阅读、讲授、学习和作业，同时伴有严格的考查。

从西文方面看，根据英文权威词典《韦氏词典》，英文的“课程”一词最早出现于1824年，源自拉丁文，其义为跑道，指学习的进程或学习的路线又称学程，它既可以指一门课或一个学科领域内的所有学程，也可以指一所教育机构或整个教育机构提供的所有学程。后来，西方学者开始使用它的动词含义，其意为奔走、跑步。可见，作为名词的“课程”指奔跑的道路或进程，作为动词的“课程”指奔跑的状态或行为。从中世纪起，“课程”一词便指学校时间表上科目内容的安排。

2. 已有的课程定义

（1）国外已有的课程定义

国外关于课程的定义可谓多不胜述。从利威主编的《国际课程百科全书》来看，该书列出了课程的九种典型定义，不过，这些定义大致可以归纳为三种。第一种为“经验说”。认为课程就是儿童学习的经验。比如，福谢认为，课程是学习者在学校指导下所获得的所有经验。第二种为“计划说”。认为课程其实是人们制订并将要实施的一种特殊计划。比如，古德指出，课程是学校为了使学生取得毕业资格、获取证书及进入相关职业领域，提供给学生的教学内容及特定材料的总体计划；塔巴提出，课程是一种学习计划。第三种为“结果说”。比如，坦纳夫妇提出，课程是在学校指导下，为了使学习者在个人的、社会的能力方面获得不断的发展，通过对知识和经验的系统改造而形成的有计划和有指导的学习经验及预期的学习结果。

此外，国外也有人将课程理解为促进学生学习的手段。比如，克鲁格认为，课程是“学校为给学生提供称心如意的学习经验的机会所使用的一切手段”。

（2）国内已有的课程定义

国内关于课程的界定同样众说纷纭，但大致可以归纳为以下六种：

第一种为“计划说”。这种观点的持有者认为，课程实质是人们制订的计划。比如，朱智贤提出，“学校的课程，是使受教育者在学校规定的期限内，完成各种应得的智识和训练，以求达到一种圆满生活的精密计划”；李秉德主张，“课程就是课堂教学、课外学习以及自学活动的内容纲要和目标体系，是教学和学生各种学习活动的总体规划及其过程”；李子健、黄显华提出，“课程是一个有意图而可修订的计划，它亦是学习活动的计划或蓝图，包含正规及非正规的内容和过程，课程并且是有组织的意图，课程的要素诸如目标、内容和评鉴等彼此是关联的，且为一致连贯的整体”；李臣之认为，课程是“指导学生获得全部教育性经验的计划”；郝德永提出，课程的本质内涵是指在学校教育环境中，旨在使学生获得的、促进其迁移的、进而促使学生全面发展的具有教育性的经验的计划。

第二种为“教程说”。这种观点的持有者认为，课程是学校所规定的教学科目之总和及其进程。比如，《汉语大词典》对课程的解释：课程特指学校的教学科目和进程。陈侠指出，“课程可以理解为为了实现各级学校的教育目标而规定的教学科目及其目的、内容、范围、分量和进程的总和”。吴杰认为，“课程泛指各级各类学校某级学生所应学习的学科总和及其进程和安排”。吕达主张，“课程的基本含义是指学校课业内容及其进程”。

第三种为“媒体说”。这种观点的持有者认为，课程是学生认识活动的媒体。比如，廖哲勋认为，“课程是由一定育人目标、基本文化成果及学习活动方式组成的用以指导学校育人规划和引导学生认识世界、了解自己、提高自己的媒体”。

第四种为“经验说”。这种观点的持有者认为，课程是一种特殊的经验。比如，台湾学者林本和李祖寿指出，“课程乃是指学生在学校安排和教师指导下的一切活动与经验，包括课内教学、课外活动、家庭作业与社会经验”；靳玉乐将学校课程定义为，“学生通过学校教育环境获得的旨在促进学生身心全面发展的教育性经验”。

第五种为“科目说”。这种观点的持有者认为，课程即教学科目。比如，我国1980年版《辞海》对课程的定义：课程即教学的科目，可以指一个教学科目，也可以指学校的或一个专业的全部或一组教学科目。

第六种为“包容说”。这种观点的持有者认为，多种课程定义并存是不争的事实，且各自都有其合理性，要想达成共识还为时过早，当下应在尊重各种不同见解的基础上来理解课程。比如，国外学者康纳利等人认为，“课程定义因研究者或实践者在其课程思考和工作中对概念的使用的不同而不同，因此，没有超出特定的研究、论文、看法或值得讨论的政策文件等背景的特殊地给课程下定义的方式”。国内学者施良方指出，“每一种有代表性的课程定义都有一定的指向性，即都是指向当时特定社会条件下课程所出现的问题，所以都有某种合理性，但同时也存在着某些局限性。而且，每一种课程定义都隐含着作者的一些哲学假设和价值取向。对于教育工作者来说，重要的不是选择这种或那种课程定义，而是要意识到各种课程定义所要解决的问题以及伴随的新问题，以便根据课程实践的要求，做出明智的决策”。

审视以上观点不难从中发现，课程的含义确实甚为丰富，它们从众多侧面一起反映了课程的复杂性和试图为它寻找某种单一的、合适的定义的艰难性；尽管古今中外关于课程的界定众多，但基本上立足于“课程是指学校教学科目及其进程”这一核心。由此可见，本书认为，没有必要给课程下一个唯一的定义，合理的做法是根据不同的语境及课程实践，立足“课程是指学校教学科目及其进程”这一核心观点来界定课程。

（五）本科专业

前已述及，专业一词主要用于教育学和社会学两个学科，其内涵非常丰富，在不同的语境下，其含义存在差异，在本书中，专业特指高等学校中的学业门类。本科专业是相对专科专业而言的，是高校根据教育部《普通高等学校本科专业目录（2012）》及《普通高等学校本科专业设置管理规定》等文件规定，同时考虑到社会职业分工的需要，对就读本科的大学生（简称本科生）按照学科门类的不同进行分门类教育的基本教学单元，即“根据学科分类和社会职业分工需要，针对本科学生分门别类进行高深而专门知识教与学活动的基本单位”。依据《普通高等学校本科专业目录（2012）》，学前教育专业属于教育学学科下的一个专业。

三、人才培养模式阐释

（一）人才

何谓人才？人才是推动社会政治、经济、文化和军事等向前发展不可或缺的第一资源。关于人才的界定，当下有多种观点。比如，《现代汉语词典》说，人才是指德才兼备的人或有某种特长的人；黄津孚主张，“人才是指在理解对社会有价值的知识、技能和意志方面有超常水平，在一定条件下能做出较大贡献的人”；陈俊吉、张永胜认为，“所谓人才，是指那些已经积累了一定的知识或技能，并具有良好素质，能够在所生活的社会背景下进行创造性劳动，对人类社会的发展做出较大贡献的人”；2003 年颁布的《中共中央、国务院关于进一步加强人才工作的决定》指出，“人才存在于人民群众之中。只要具有一定的知识和技能，能够进行创造性劳动，为推进社会主义物质文明、政治文明、精神文明建设做出积极贡献，都是党和国家需要的人才。要坚持德才兼备原则，把品德、知识、能力和业绩作为衡量人才的主要标准，不唯学历、不唯职称、不唯资历、不唯身份，不拘一格选人才。鼓励人人都做贡献，人人都能成才”。

审视以上关于人才的界定不难发现，它们都具有一定的合理性，而且随着时间的推移，人们对人才的理解逐步深入。本书认为，人才这一概念的含义比较复杂，且伴随时代的发展，人们对其的认识也将不断加深，从当下人们的实际用语习惯来看，追求对人才进行唯一的界定并无必要，不过，无论怎样界定人才，都应该把握人才所具有的下述七大本质特性：

杰出性。一个人之所以被称为人才，其主要原因有二：其一，这个人在某一方面具备的知识、技能或能力等素质比一般人（常人）突出；其二，这个人在某一方面对社会的贡献比一般人（常人）突出。显然，正是一个人具有某些突出的素质或突出的表现，才使这个人显得比一般人（常人）杰出，因而才被称为人才。

多样性。一方面，不同领域有不同的人才，即人才可以出现在不同领域，比如工程人才、农业人才、管理人才、医学人才、军事人才、教育人才、经济人才以及政治人才等；另一方面，不同的人才可以具有不同的素质或表现，比如，有知识方面的人才，有技能或能力方面的人才、有意志品质方面的人才、还有社会贡献方面的人才等。

先进性。人才是一个褒义词，从社会评价学的角度讲，人才必然对人类社会的进步或人类历史的发展具有推动或促进作用，必然与人类发展的轨迹一致且引领人类的进步与发展。假如一个人才智过人，但其才智用于歪门邪道，对社会的发展、人类的进步起阻碍或破坏作用，那么，他就不配被称为人才。

价值性。对于个人来说，其自身价值是依靠其对社会正向发展的贡献体现出来的，一个人对社会正向发展的贡献越大，其被社会认定的价值也越高，相应地，其自身价值也越大。显然，人才必然是能够或已经为社会正向发展做出贡献的人，是具有存在价值的人。人才的价值并不是体现在其具有的学历、学位、职称或工作年限等之上，而是体现在其对社会正向发展的贡献之上。一个具有高学历、高学位、高职称或较长工作年限的人，如果不能为社会正向发展做出贡献，那么他就不配被称为人才。

创造性。从理论上来讲，一个人之所以被称为或被视为人才，是因为其可能或已经为社会正向发展做出的贡献比一般人（常人）突出，而一个人要想为社会正向发展做出突出的贡献，必须具有创造性品质或开展创造性劳动，否则，其突出贡献是难以体现出来的。由此可见，人才必然具备一定的创造性品质或表现出一定的创造性。尤为重要的是，当今时代，国与国之间综合国力的竞争，归根结底是创造性人才的竞争，而不是一般性人才的竞争。显然，当下配称人才的人，必然具有一定的创造性的。

时代性。一方面，不同时代，社会对人才的认定标准是不同的，人们对人才的看法也是有区别的。比如，20 世纪 50 年代初，我国人民的文化程度普遍不高，初中毕业就算“秀才”；之后，随着人们的学历普遍提高，中专毕业生很难有资格被称为人才；时至今天，社会不再简单以学历来作为人才划分的标准了。另一方面，某一时代的人才，在另一时代可能不被称为人才。比如，根据 1989 年签订的《濒危野生动植物种国际贸易公约》可知，象牙原料将会减少甚至消失，在此背景下，我国象牙雕刻领域的一批人才就将毫无用武之地，因而，这批人才也就不再被称为人才。可见，人才是一定时代的产物，是一定时代的人才，“那种完全脱离时代的人，不管他如何天资聪颖、气质非凡，终究不能在社会上有所作为，成为人才”。

社会性。人是生活在一定社会里的人，人的本质属性在于它的社会性。从人才形成的先后顺序看，一个人是先成人后成才。显然，人才必然生活在一定的社会里，其思维模式与行为方式必然会受到一定社会关系的制约。

（二）培养及相关概念

1．培养

从中文看，培养一词的用法十分复杂。从《说文解字》上看，培也作陪，培养的对应解释为，“陪，重土也；养，供养也”。那么这两个字放在一起就可以理解为提供适宜的条件，使之成长。在汉典网上，培养有四种解释。一是指以适宜的条件促使其发生、成长和繁殖，比如《孟子·公孙丑上》中的“持其志，无暴其气”、杨沫《青春之歌》第一部第二章中的“书籍培养了她丰富的想象力和对于美好未来的憧憬”。二是指按照一定的目的，长期地教育和训练，比如《宋史·苏轼传》中的“轼之才，远大器也，他日自当为天下用。要在朝廷培养之”、陶行知撰写的《新学制与师范教育》中的“总之，教育界要什么人才就培养什么人才”“我们要什么教员就需培养什么教员”。三是指蓄养、蓄积，比如《金瓶梅词话》中的“一宿无话。巴不到次日，培养着精神”。四是指一种方言，修葺、养护，例如沙汀《丁跛公》中的“培养房子？这样的年岁，还讲究啥外表呵”。在《现代汉语词典》里，培养通常是指“按照一定的目的长期地教育和训练”；在《教育大辞典》里，培养是指“教育者使学生掌握系统的科学文化知识和技能、形成思想品德、健全体魄的过程，其内涵与教育基本相同”。

在英文用法里，“培养”一词兼有培训和教育的含义，只是其中的“教育”含义比较狭隘，主要是指知识与技能上的教育。总而言之，英文里的“培养”主要是指通过知识或是能力的教育和培训使接受培养的人逐渐形成某种态度或能力。

通过分析中外培养一词的多种含义，本书特给培养一词下这样的定义：所谓培养，是指在某种长远目标的指导下，通过营造某种适宜的条件，给接受培养的人以知识、能力、态度的教导和训练，使之逐渐得到发展与成长，进而实现培养者预期的长远目标的活动。

2．培训

在《现代汉语词典》里，培训的意思是培养和训练。当前，人们习惯结合培训的字面意思来理解该词，一般认为，培就是培养、培育，训就是训练、训育。本书认为，无论是《现代汉语词典》里对培训一词的解释也好，还是习惯上对培训一词的理解也罢，均使培训一词的含义显得过于抽象、过于泛化，为了获得对该词的合理而清晰的理解，还需要从词源上去考证。

培训一词在《说文解字》上的对应解释为，“培，重土也；训，说教也”，将这两个字连成培训一词时，其意可以理解为提供适宜的条件，并施以说教。培训一词在《现代汉语词典》上的解释是培养和训练，使体力和智力得到发展。在英文语境下，“培训”一词翻译为中文是受训练、锻炼或培养（某一素质或能力）的意思。其最早是火车的意思，14世纪后期开始有了“为了达到预期状态形式而进行的制作和操作”的含义，并从这一含义演变出了“约束、教，通过指导使达到想要的状态”的意思，1832年之后，又衍生出了“通过方案或运动使自己适合某一表现”的解释，1841年之后的含义则强调，为了培养某一方面的能力而训练或者锻炼。

鉴于上述分析，本书指出：所谓培训，是指培训者为了提升受训者的专业水平或技能水平，通过营造出某些适宜的培训条件，运用说教和锻炼的方式，使受训者的体力或者是智力达到预期目标的活动。

3．教育

教育一词由教和育两字构成。在我国商代甲骨文中就有教和育两字的象形文字。在过去较长时间内，教和育都是分开使用的，且这两个字分别都含有现代意义上的教育之义。

在我国古代典籍中，有不少关于“教”的论述，但在不同语境中，含义又有所不同。不过，归纳起来，主要有以下六种：

①教育。《孟子·梁惠王上》：“谨庠序之教，申之以孝悌之义。”唐代韩愈《祭十二郎文》：“当求数倾之田于伊颍之上，以待余年，教吾子与汝子，幸其成；长吾女与汝女，待其嫁，如此而已。”清代章学诚《文史通义·原学上》：“教也者，教人自知适当其可之准，非教之舍己而从我也。”

②教导、指点。汉代司马迁《报任少卿书》：“教以顺于接物，推贤进士为务。”宋代王安石《答司马谏议书》：“昨日蒙教，窃以为与君实游处相好之日久，而议事每不合，所操之术多异故也。”清代蒲松龄《聊斋志异·促织》：“成反复自念，得无教我猎虫所耶？”

③告诉。《吕氏春秋·贵公》：“此大事也，愿仲父之教寡人也。”唐代韩愈《柳州罗池庙碑》：“于是老少相教语，莫违侯令。”

④训练。《论语·子路》：“以不教民战，是谓弃之。”《吕氏春秋·简选》：“统率士民，欲其教也。”宋代苏轼《教战守策》：“天下果未能去兵，则其一旦将以不教之民而驱之战。”

⑤政教、教化。《商君书·更法》：“前世不同教，何古之法？”唐代韩愈《原道》：“今也举夷狄之法，而加之先王之教之上，几何其不胥而为夷也。”

⑥效仿。《韩非子·难势》：“尧教于隶属而民不听，至于南面而王天下，令则行，禁则止。”

除此之外，教还有一种用法，其含义是把知识或技能传授给人。

与“教”字的含义相关联，“育”字的含义有以下四种。

①生育。《易·渐》：“妇孕不育，失其道也。”宋代吴曾《能改斋漫录·记事二》：“虞部员外郎张咸，其妾孕五岁而不育。”

②抚养。《鷦鹩赋》：“育翩翾之陋体，无玄黄以自贵。”唐代韩愈《卢君墓志铭》：

“母夫人既终，育幼弟与归宗中妹。”

③培养、教育。汉代匡衡《祷高祖孝文孝武庙文》：“思育休烈，以章祖宗之盛功。”唐代韩愈《顺宗实录五》：“恩翔春风，仁育群品。”

④生长、成长。《礼记·中庸》：“致中和，天地位焉，万物育焉。”《孟子·滕文公上》：“后稷教民稼穑，树艺五谷；五谷熟而民人育。”

从词源上说，西方教育一词是内发之意。它强调教育是一种顺其自然的活动，旨在把自然人所固有的或潜在的素质，自内而外地引发出来，已成为现实的发展状态。

由此可见，教育的含义较为丰富。从广义上看，教育泛指增进人们的知识和技能、影响人们的思想品德的活动。从狭义上看，教育主要是指学校教育，其含义：教育者根据一定社会（或阶级）的要求，有目的、有计划和有组织地对受教育者的身心施加影响，把他们培养成一定社会（或阶级）所需要的人的活动。本书认为，教育就是教育者通过多种有意识的言传身教或无意识的言传身教，将受教育者的潜在素质引发出来，并使受教育者各个方面的素质尽可能向符合一定社会需要的方向发展的活动。

（三）模式及相关概念

1. 模式

何谓模式？根据《辞海》的解释，模有模仿之意，即“依照一定的榜样做出类似动作和行为的过程”。所谓模式，也译作范型，一般指可以作为范本、模本、变本的式样。作为术语时，在不同学科有不同的含义。在社会学中，是研究自然现象或社会现象的理论图式和解释方案，同时也是一种思想体系和思维方式。《现代汉语词典》对模式的解释是，“某种事物的标准形式或使人可以照着做的标准样式”。在《说文解字》里，模和式的解释分别是，“模，法也”“式，法也”。所谓法，即指标准、规范。模、式两字都含有标准和规范的意思。究竟怎样理解模式为宜呢？

有学者认为，模式是一种方法。比如，查有梁指出，“模式是一种重要的科学操作与科学思维的方法。它是为解决特定的问题，在一定的抽象、简化、假设条件下，再现原型客体的某种本质特征；它是作为中介，从而更好地认识和改造原型客体、构建新型客体的一种科学方法。经过概括、归纳、综合，可以提出了各种模式，模式一经被证实，既有可能形成理论，又可以从理论出发，经过类比、演绎、分析，提出各种模式，从而促进实践发展”。

有学者认为模式是一种方式。比如，林永柏、郝维仁、姜凤萍认为，模式就是解决在什么时间、什么地点、由哪些人共同协作以解决相应目标问题的共同活动方式。

有学者认为，模式是一种模型与式样。比如，董泽芳指出，“模式是指在一定的思想指导下建立起来的由若干要素构成的，具有形态构造和实践指导功能及可仿效性等特征的某种活动的理论模型与操作式样”。

模式既不属于内容范畴与形式范畴，也不属于目的范畴与结果范畴，而属于一种过程范畴。

在英文语境中，“模式”一词的意思是模式、方法、模型、样板。其在 14 世纪早期的含义是大纲、计划、模型，由于它与中世纪拉丁语中“守护神”一词比较相似，所以在 15 世纪早期被赋予了行为的模范、范例的含义。当下，国外许多学者将模式视为一种简约化的理论。比如，美国比较政治学者比尔和哈德雷夫认为，“模式是再现现实的一种理论性的简化形式”。

依据以上分析，本书认为，模式既不是一种内容与形式，也不是一种目的与结果，而是一种可以参照做的过程范型，是连接某种理论与某种实践的中介，是一定实践经验的总结与提炼，同时反过来对于相关实践活动具有指导作用。

2. 方式

方式一词由方和式两个字构成。《说文解字》对方和式的解释分别是，“方，并船也”“式，法也”。从《说文解字》中方和式的含义可以看出，方式一词的字面意思是船并行所要遵循的标准，由此可以将方式一词的含义理解为做某事所要遵循的标准和规范。《现代汉语大辞典》对方式的解释是，为达到某种目的而采取的途径、步骤、手段；方式在《汉语同韵大辞典》《汉语倒排词典》和《法律文书大词典》上的解释是“方法和形式”；在《当代汉语词典》和《现代汉语常用词词典》上的解释是“说话做事所采取的方法和形式”。

“方式”一词在英文中指某事发生或者做某事时所采取的方法手段或遵循的规则。它是从古英语中表示道路、路径和旅行过程的词演变而来的，其大部分的引申含义是在中世纪英语中发展而来的。

整合国内外的相关观点，本书将方式一词定义为：所谓方式，是指人们说话或做事时所采取的方法和形式。

（四）培养模式及相关概念

1. 培养模式

通过文献检索发现，关于培养模式概念的表述甚多，可谓是仁者见仁、智者见智。

一是“培养方式说”。持此观点的人一般认为培养模式的本质是组织方式。比如，杨杏芳指出，“培养模式是指在一定的教育思想和教育理论指导下，为实现培养目标而采取的教育教学活动的组织样式和运行方式。”龚怡祖认为，“培养模式是指在一定的教育思想和教育理论指导下，为实现培养目标（含培养规格）而采取的培养过程的某种标准构造样式和运行方式。”阴天榜指出，培养模式是“在一定的教育思想、教育理论和教育方针的指导下，各级各类教育根据不同的教育任务，为实现培养目标而采取的组织形式及运行机制”。周泉兴认为：“培养模式是指在一定教育思想、教育理论指导下，为满足多方面教育需求、实现一定教育目的而形成的人才培养活动的某种结构样式和运行方式。”郑群提出：“人才培养模式是指在一定的教育思想和理念指导下，以人才培养活动为本体，为实现培养目标而设计的某种标准构造样式和运行方式。”王昌善、张希希认为，“培养模式是指在一定的教育思想和教育理论的指导下，为了实现培养目标而采取的教育教学活动的组织样式和运行方式”。

二是“培养规范说”。比如，王启龙、徐涵在借鉴前人研究成果的基础上，把人才培养模式界定为“在一定的教育理念的指导下，教育机构或教育工作者群体所普遍认同和遵循的关于人才培养活动的实践规范和操作样式，它以教育理念为基础、以培养目标为导向、以教育内容为依托、以教育方式为具体实现形式”。

三是“培养系统说”。比如，韩德红认为，“培养模式是指在一定的教育思想和教育理论指导下，根据人才成长的规律和社会需要，为受教育者构建的知识结构、能力结构、素质结构，以及实现这种结构的整体运行方式，反映培养过程中各环节最优化设计及各种要素的最佳组合”。又如，俞信认为，“广义的理解，人才培养模式是指在一定教育思想指导下，培养目标、教育制度、培养方案、教学过程等诸要素的组合”。还有人认为，“人才培养模式是由培养目标、教学内容、教学方式方法以及教学组织管理等要素组成的”。

四是“培养方案说”。比如，潘柳燕认为，“人才培养模式分为宏观和微观两个层次，从宏观和形式角度看，人才培养模式就是指在一定的教育思想指导下，为实现一定的培养目标而采取的教育方案和教育方式”。杨峻等人指出：“培养模式是指在一定的教育教学思想、教育观念的指导下，为实现一定的培养目标，构成的人才培养系统诸要素之间的组合方式及其运作流程的范式。人才培养模式也是可供教师和教学管理人员在教学活动中加以借鉴的既简约又完整的实施方案。”

五是“培养结构说”。比如，李硕豪、阎月勤指出，“人才培养模式是为实现人才培养目标而把与之有关的若干要素加以有机组合而形成的一种系统结构”。又如，于长志认为，“培养模式是在一定教育思想指导下，为完成特定的人才培养目标而构建起来的人才培养结构和策略体系”。刘献君和吴洪富指出，“人才培养模式是教育各要素如课程、教学、评价等的结合，但是这个结合又不是一个呆板的组织样式，而是一个动态的、强调运行过程的结构。”

六是“培养过程说”。比如，姜士伟认为，“所谓人才培养模式，是指在一定的教育理念（思想）的指导下，为实现一定的培养目标而形成的较为稳定的结构状态和运行机制，它是一系列构成要素的有机组合，表现为持续和不断再现的人才培养活动”。

七是“培养总和说”。比如，黄正平认为，“培养模式或人才培养模式是学校为学生构建的知识、能力、素质结构以及实现这种结构的方式，它从根本上规定了人才特征并集中地体现了教育思想和教育观念。简而言之，培养模式，实际上就是人才的培养目标、培养规格和基本培养方式”。再如，张光斗指出，“培养模式是指培养的内容和要求、培养规格、培养学制和方法”。

此外，教育部于 1988 年召开的第一次全国普通高校教学工作会议的主要文件《关于深化教学改革，培养适应 21 世纪需要的高质量人才的意见》指出，“人才培养模式是学校为学生构建的知识、能力、素质结构，以及实现这种结构的方式，它从根本上规定了人才特征并集中地体现了教育思想和教育观念”。

究竟怎样界定“培养模式”更为合适呢？审视上述观点发现，尽管学界对“培养模式”的理解并未达成一致，但存在几点共识：其一，培养模式通常是指培养人的模式；其二，培养模式通常是指一定教育的人才培养模式；其三，培养模式是联系教育理论与教育实践的中间桥梁；其四，任何人才培养模式都是建立在一定教育理论基础之上的，所依据的教育理论不同，则人才培养模式有别；其五，人才培养模式是一种使人可以照着做的样式，具有一定的稳定性、规范性、实用性及可操作性；其六，培养模式是由培养目标、培养内容、培养手段、培养制度及培养评价等若干要素构成的。对此，本书认为：所谓培养模式，通常是指人才培养模式，即为达成预期特定的人才培养目标，在一定教育理论的指导下，结合一定的人才培养实践而设计的可供参照或参考的某种培养人才的范型，这种范型通常包括培养目标、培养内容、培养手段、培养制度及培养评价五个方面。

2．培训模式

何谓培训模式？傅玉蓉认为，“培训模式就是指出于社会经济发展对在职专业技术人员的要求，为提高从业人员的自身素质及其知识技能水平而开展各种教育训练活动的方式组合及其相互关系”。不难从中看出，这种界定过于简单，原因有三：其一，培训的目的并非一定是为了社会经济发展的需要，也可以是出于某种文化发展等方面的需要；其二，从业人员的自身素质已经包括其知识技能水平，且自身素质中的先天素质是难以通过培训提升的；其三，培训的方式并非一定是教育训练活动，也可以是教育理论学习活动。本书认为，培训模式是由培训和模式二词构成的，其含义可以根据培训和模式二词的含义来推演。前已述之，培训是培训者为了提升受训者的专业水平或技能水平，通过营造某些适宜的条件，运用说教和锻炼的方式，使受训者的体力或智力达到预期目标的活动；模式是在一定理论指导下，基于一定的实践经验总结而成并对相应实践具有指导作用的某种范型。为此，本书指出：所谓培训模式，是指为提升某些岗位从业人员（尤其是专业技术岗位从业人员）的综合素质尤其是业务水平，培训机构与培训主体在一定教育理论的指导下，通过营造某些适应的条件对参加培训人员进行说教或训练，促使参加培训人员的综合素质尤其是业务水平得以提升的活动范型。

值得一提的是，培训模式与管理模式、教学模式是有区别的。一般情况来说，培训模式是由培训机构或培训主体基于某种培训理论与核心概念界定理念，为了特定的培训目标，组织相应的培训内容，采取相应的培训方法与管理措施对培训对象施加影响的过程，其基本的构成要素是培训主体、培训理念、培训对象、培训目标、培训手段与培训管理等；管理模式是由管理主体、办学方向、办学途径以及办学形式等要素构成的；教学模式则是由施训者、受训者、培训内容与手段等要素构成的。这些模式的构成要素与培训模式的构成要素有层面上和内容上的区别，不能混为一谈。

第二章　学前教育培养模式的理论评析

第一节　专业发展理论

幼儿教师是幼儿保教（保育与教育）活动的直接组织者与实施者，是幼儿保教活动的关键主体，是决定保教活动实施成效的核心因素，要想提高幼儿保教质量，必须先提升幼儿教师素质。目前，提升幼儿教师素质已成为世界各国幼儿教育事业优先发展的任务，从职业的角度讲，幼儿教师素质的高低在于其专业化程度的水平，专业化水平是衡量幼儿教师素质高低的重要指标。为此，幼儿教师专业化已成为国内外的共识，幼儿教师专业发展已成为世界各国的共同追求，幼儿教师专业发展理论随之成为学界广为探讨的热点。培养学前教育本科专业人才的主要目的，即为培养合格的幼儿教师做准备。显然，在培养学前教育本科专业人才的过程中，理应遵循幼儿教师专业发展理论的指导。为此，本节将着重对幼儿教师专业发展理论展开阐述。

一、幼儿教师

根据《教育词典》的解释，幼儿教师又称为教养员，是在幼儿园中负责全面教育儿童的人员，是实现幼儿教育任务的具体工作者，是幼儿德、智、体、美全面发展的培育者。本书认为，这一定义显得有点抽象，依然有必要对幼儿教师的概念进行重新界定。由于幼儿教师是整个教师群体中的一个特殊群体，因此，要想厘清其含义，必须先明晰教师的含义。

从我国习惯用语看，教师一词具有广义、中义与狭义三层含义。广义上，“教师是指有目的地增进他人的知识和技能，影响他人的思想品德及身体、心理的形成和发展的人”。显然，广义上的教师既可以是专业人员，又可以是非专业人员。中义上，“教师是履行教育教学职责的专业人员，承担教书育人、培养社会主义事业建设者和接班人、提高民族素质的使命”。由此可见，中义上的教师包括三类工作人员：各级各类学校（公办学校、民办学校及培训学校或教育培训机构）中教育一线岗位上的专职教育工作者（文中简称专职教师）、管理岗位上的教育管理者（文中简称教管教师）及科研岗位上的教育研究者（文中简称教研教师）。狭义上，教师专指各级各类学校中就职于教育一线岗位上的专职教育工作者。由此可见，狭义上的教师特指专职教师。一般情况下来说，国内所指称的教师往往是中义上的教师，它包括专职教师、教管教师和教研教师三类。不过，从当下我国幼儿教师群体的实际来看，尚未有专门从事科研的幼儿教师，且专门从事管理工作的幼儿教师极少，故通常所指称的幼儿教师相当于狭义的教师，即就职于幼儿教育工作一线的专职幼儿教师，这样的专职幼儿教师包括幼儿园中的专职保育教师和专职教育教师。本书所指的幼儿教师即这种专职幼儿教师，同时，这种专职幼儿教师亦是本书探讨的学前教育师资。

二、专业发展

专业发展这一概念由专业和发展两个词构成，要想明晰其含义，必须先明确专业和发展这两个词的含义。依据《现代汉语词典》，发展的含义比较单一，它是指“事物由小到大、由简单到复杂、由低级到高级的变化”。而专业的含义有三种：一是指高等学校或中等专业学校里，根据科学分工或生产部门的分工把学业分成的门类；二是指产业部门中根据产品生产的不同过程而分成的各业务部分；三是指专门工作或者是专门职业。由于专业一词的含义并不单一，因而必须结合具体的语境加以理解。由于本节内容主要阐述的是教师专业发展理论，因而本节所阐述的专业特指专门职业。那么专门职业是什么呢?

美国著名社会学家利伯曼给专门职业确定了如下八条标准：

①范围明确，以“垄断”的形式从事社会不可缺少的工作；

②运用高度的理智性技术；

③需要长期的专业教育；

④从事者无论个人、集体均具有广泛的自律性；

⑤在专业的自律性范围内，直接负有做出判断、采取行动的责任；

⑥不以营利为目的，而以服务为动机；

⑦形成了综合性的自治组织；

⑧拥有应用方式具体化的伦理纲领。

我国学者王建磐认为，成熟的专业工作，应该具备以下六个特征或标准：

①专业知识，即构成专业的首要标准是需要一套完善的专门知识和技能体系作为专业人员从业的依据；

②专业道德，即某一职业群体为更好地履行职业责任、满足社会需要、维护职业声誉而制定的自我约束的行为规范或伦理标准；

③专业训练，需要经过长期的培养与训练；

④专业发展，即需要不断地学习进修；

⑤专业自主，享有有效的专业自治；

⑥专业组织，即形成坚强的专业团体。

本书综合以上两位学者对专门职业所持的观点并结合发展的含义后认为，所谓专业发展，是指一个普通的职业群体在某种专业（或专门职业）标准的指引下，通过不断提升其自身素质直至其自身素质逐渐符合相应的专业标准的过程。

三、幼儿教师专业发展

教师专业化发展是教师专业化和教师发展的有机整合，作为教师群体的一部分，幼儿教师的专业发展也不例外。下面将从教师专业化和教师专业发展两个方面简要阐述幼儿教师专业发展理论。

（一）幼儿教师专业化

20 世纪 80 年代，美国教育界就已明确提出教师专业化的概念，当下教师专业化已为世界许多国家所接纳，且日益上升为一种教育理论。

教师专业化是教师在整个专业生涯中，通过终身进行专业学习与专业训练，获取教师职业的专业知识与技能，形成专业道德与品格、养成专业自律与自主，以之逐步提升自身的职业素质水平，从而不断地向专家型教师迈进的过程。显然，幼儿教师专业化即幼儿教师通过终身的专业学习与专业训练，不断获取一系列从事幼儿教师职业不可或缺的幼儿保教知识与技能，进而形成幼儿教师必备的道德与品格，养成专业自律自主，从而使其自身专业素质不断提升至接近或达到专家型幼儿教师应备素质的过程。教师专业化一般具有两层含 义：一是指一个普通职业群体逐渐符合专业标准、成为专门职业并获得相应的专业地位的过程；二是指教师这一职业群体的专业性质和状态处于什么样的情况和水平。不言而喻，幼儿教师专业化也具有这样的两层含义。如同中小学教师专业化或高校教师专业化一样，幼儿教师专业化也包括幼儿教师职业专业化和幼儿教师主体专业化。其中：幼儿教师职业专业化是指幼儿教师职业群体向符合幼儿教师职业标准的方向变化与发展的过程；幼儿教师主体专业化是指幼儿教师通过接受培养与培训以及自身修炼等方式提升自身的专业情感、专业信念、专业品格、专业知识以及专业能力等专业素质，使之达到成熟状态的过程。幼儿教师专业化以幼儿教师职业的专业化为基础，以幼儿教师主体的专业化为目标。

（二）幼儿教师专业发展

1. 幼儿教师专业发展的含义

何谓幼儿教师专业发展？不妨先审视一下教师专业发展的含义。从字面意思上看，教师专业发展是教师专业素质结构不断变化、演进和丰富的过程；从逻辑意义上说，教师专业发展是指教师的专业成长过程，即教师作为专门的职业人员，其专业素养从不成熟到相对成熟的发展历程。具体而言，教师专业发展既指教师专业素质构成的演变，又指教师专业生涯阶段的演进。从专业素质来看，教师专业发展是指教师的专业素质从专业知识和专业技能向专业知识、专业技能、专业信念、专业动机、专业态度、专业情感、专业期望和专业发展意识等发展的历程；从专业生涯来看，教师专业发展是指教师从新手型教师乃至职前教师向熟手型教师直至专家型教师发展的历程。由此不难从中推断，幼儿教师专业发展既指幼儿教师专业素质的发展过程，又指幼儿教师专业生涯的发展过程。其中：幼儿教师专业素质发展是指幼儿教师的专业素质不断提升至接近或者是达到专家型幼儿教师应备素质的过程；幼儿教师专业生涯发展是指幼儿教师从新手型幼儿教师乃至职前幼儿教师不断向熟手型幼儿教师直至专家型幼儿教师发展的过程。

值得指出的是，幼儿教师专业发展的过程，不仅是幼儿教师自我完善的过程，还是幼儿教师通过完善自身而更好地促进幼儿完善的过程。

2．教师专业发展的内容

①身心系统。幼儿教师的职业活动内容是教书育人（保育是幼儿教师育人活动的一部分）。其中，教书是手段，育人是目的。由于人是具有主观能动性和个体差异性的智慧动物，因而教书育人活动是一项复杂的脑力劳动和特殊的体力劳动。它要求从业者必须具有充沛的精力、健全的人格、良好的心境，否则从业者将难以胜任这项活动。由此可见，拥有健康的身体和健康的心理是一名教师顺利从事教师职业的保障，健康的身心系统理应是幼儿教师专业发展的内容之一。

②观念系统。观念是行为的先导。教师的教育观念必然影响教师自身的教育行为，进而影响教育成效。与滞后的教育观念相比，先进的教育观念通常能够带来较高的教育成效。因而，先进的幼儿教育观念是幼儿教师专业发展的“催化剂”，形成先进的幼儿教育观念必然会是幼儿教师专业发展的应有内容。

③品格系统。这里的品格是指教师的品德和性格。就品德而言，由于教师是学生成长过程中的“重要他人”，因而学生很难不会具有“向师性”。无疑，教师的师表形象是学生学习的榜样和模仿的对象，显然，具备优秀的品德是幼儿教师作为幼儿表率的前提。拿性格来说，每一种职业都要求从业者具有与之匹配的性格，即“性格影响着一个人对职业的适应性，一定的性格适合从事一定的职业，同时，不同的职业对人有不同的性格要求”。显而易见，培养良好的性格，也是幼儿教师专业发展的主要内容之一。由此可见，品格系统是幼儿教师专业发展的关键内容。

④知识系统。教师之所以配称为教师，最起码的原因是教师在知识方面具有相对的权威性。作为一名教师，不仅需要具备学科专业知识、教育教学知识和通识文化知识，还需要具备个人的实践性知识。由此可见，知识系统是幼儿教师专业发展的基础，必然是幼儿教师专业发展的主要内容。

⑤能力系统。由于具备一定的教育教学能力与教科研能力是教师顺利从事教师职业活动的条件，因而，与从事幼儿教师职业相关的能力系统理当是幼儿教师专业发展的基本内容。教育教学能力主要包括语言表达能力、教学组织能力、学科教学能力、课程开发能力、班级管理能力等；教科研能力主要包括教育教学改革创新能力、教育教学反思能力以及教育教学行动研究能力等。

3．幼儿教师专业发展的阶段

从一名幼儿职前教师成长为一名专家型幼儿教师，是一个不断发展的过程，存在不同的发展阶段。在不同的发展阶段，幼儿教师会遇到不同的发展问题，同时幼儿教师也在不断解决所遇到的问题，这些问题的不断解决，推动幼儿教师的专业水平不断提高。由于幼儿教师的专业发展与中小学教师或高校教师的专业发展十分相似，因而国内外已有相关研究大多从一般教师的视角出发，比较笼统地阐述教师专业发展的阶段，相应便出现了不同的教师专业发展阶段论。

傅乐的教师关注阶段论。傅乐根据教师在不同发展阶段所关注的焦点问题，把教师的发展分为关注生存、关注情境和关注学生三个阶段。处于关注生存阶段的教师一般是新教师（刚入职的教师），他们非常关注自己的生存适应性，他们经常关心诸如“学生喜欢我吗？”“同事们怎样看我”等问题。在此阶段，有些新教师可能会把大量的时间花在如何与学生相处上，而不是花在如何教好学生上；有些新教师则可能千方百计控制学生，而不是让学生自由发展。处于关注情境阶段的教师，一般关心的问题是如何教好每一堂课，他们通常关心诸如班级大小、时间压力和备课材料是否充分等与教学情境相关的问题。处于关注学生阶段的教师，一般考虑学生的个别差异并进行因材施教。通过对教师关注阶段的研究，傅乐认为，个人成为教师的这一历程是经由关注自身、关注教学任务、关注学生的学习以及自身对学生的影响这样的发展阶段而逐渐递进的。

卡茨的教师发展时期论。卡茨根据自己与学前教师一起工作的经验，运用访问和调查问卷法，特别针对学前教师的训练需求与专业发展目标，将教师发展分为四个时期。一是存活期。在此阶段，教师对教学的设想与实际有差距，关心自己在陌生的环境中能否生存。二是巩固期。在此阶段，教师有了处理教学时间的基本知识，并开始巩固所掌握的教学经验和关注个别学生以及思考如何来帮助学生。三是更新期。在此阶段，教师对重复、机械的工作感到厌倦，试图寻找新的方法和技巧。四是成熟期。这一阶段的教师已习惯于教师角色，能够深入地探讨一些教育问题。尤其值得一提的是，卡茨所提出的教师发展论虽以学前教师为主，但是其内容对中小学教师在训练需求、协助教师专业成长等方面也有参考与实用价值。

伯顿的教师发展阶段论。伯顿从与小学教师访谈的记录数据与资料中，整理归纳了教师所提出的观点，提出了教师发展的三个阶段论。一是求生存阶段。在此阶段，教师因刚踏入一个新环境，再加上没有实际教学经验，因此，对教学活动及环境只有非常有限的认识。此时教师所关心的是做好班级经营、做好学科教学、改进教学技巧、尽快地了解所教的内容、做好课程与单元计划及组织好教学材料，进而做好教学工作。此外，此阶段的教师已开始注意了解学生并与之相处。二是调整阶段。在此阶段，教师的知识已较丰富，心情也较轻松。教师有精力开始了解学生的复杂性，此时会寻求新的教学技巧与解决问题的新方法，以满足学生的各种不同的需求。三是成熟阶段。在此阶段，教师的经验更加丰富，对教学活动驾轻就熟，并且对教学环境已有了充分的了解与熟悉。此阶段的教师能够不断地追求并尝试新的方法，且更能关心学生，更能满足学生的需求。此外，此阶段的教师发现自己已经逐渐获得专业见解，并能处理大多数可能发生的新情况。

费斯勒的教师生涯循环论。费斯勒将教师的发展分为八个阶段。一是职前教育阶段。这个阶段通常情况下是在大学或师范学院进行的师资培育阶段。此外，这一阶段也包括在职教师从事新角色或新工作的再培训。二是引导阶段。在此阶段，新任教师通常会努力寻求学生、同事及督导人员的接纳，并设法在处理每日问题和事务时获得被肯定的信心。三是能力建立阶段。在此阶段，教师会努力增进与充实和教育相关的知识，提高教学技巧和能力，设法获得新的信息材料、方法和策略。四是热心成长阶段。在此阶段，教师会更积极地追求其专业形象的建立，发挥热爱教育的工作激情，不断寻找新的方法来丰富教学活动。五是生涯挫折阶段。在此阶段，教师可能因教学上的挫折感或工作满足程度逐渐下降而开始怀疑自己选择教师这份工作是否正确。六是稳定和停滞阶段。在此阶段，教师通常不会主动追求教学专业上的卓越，只求无过，不求有功。七是生涯低落阶段。在此阶段，有些教师感到愉悦、自由，回想以前的桃李春风，而今终能功成身退；有些教师则是会以一种苦涩的心情离开教育岗位，或因被迫终止工作而感不平，或因对教育工作的热爱而觉眷恋。八是生涯退出阶段。在此阶段，有些教师会寻找短期的临时工作，有些教师可能会颐养天年等。

伯林纳的教师教学专长论。伯林纳将教师的发展分为五个阶段。一是新手型阶段。此阶段是教师获取教学所需知识和技能的阶段。在此阶段，新手型教师除了要学习一些具体的概念外，还要学习一些具体教学情境下的应对规则。二是进步的新手阶段。在此阶段，教师将自己的实践经验与所学的知识逐步联系起来，并能找出不同情境中的一些相似性，而且有关情境知识也在增加。三是胜任型阶段。此阶段的教师能够按照个人想法自由处理事件，依据自己的计划，对所选择的信息做出反应。四是能手型阶段。此阶段的教师注重对教学的领会。他们通常能够从积累的丰富经验中识别出情境的相似性，能从截然不同的事件中考虑到相关性。五是专家型阶段。此阶段的教师不仅对教学情境有自觉的把握，还能以非分析性、非随意性的方式，理智地做出合适的反应。他们的行为表现自然、流畅、灵活。

司德菲的教师生涯发展模式。司德菲将教师的发展分为五个阶段。一是预备生涯阶段。此阶段的教师具有以下几个特征：理想主义、有活力、富有创意、接纳新观念、积极进取以及努力向上。二是专家生涯阶段。此阶段的教师通常都能进行有效的班级经营和时间管理，对学生都抱有高度的期望，也能在自己的工作中激发自我潜能，达到实现自我的目的。三是退缩生涯阶段。此阶段包括了三个分阶段。第一分阶段为初期的退缩。在此期间，教师的表现不是最好，也不是最坏。他们很少致力于教学改革，所用的教材内容年复一年，他们的学生表现平平。这一期间的教师多半沉默寡言、消极行事，而当他们得到教育行政人员的适时、适当的支持与鼓励时，又会恢复到专家生涯阶段。第二分阶段为持续的退缩。在此期间，教师会有倦怠感，经常性批评学校、家长、学生，甚至教育行政部门，有时对一些表现好的教师也妄加指责。此外，这些教师会抗拒变革，对行政上的措施不做任何反应。第三分阶段为深度的退缩。在此期间，教师在教学上表现出无力感，甚至有时还会伤害到学生，但是，这些教师并不认为自己有这些缺点，并且具有很强烈的防范心理。四是更新生涯阶段。在此阶段，教师又可看到预备生涯阶段朝气蓬勃的状态，即有活力、肯吸收新知识、进取向上。不同之处在于，预备生涯阶段的教师对教学工作感到新奇振奋，而在更新生涯阶段的教师则致力于追求专业成长，吸收新的教学知识。五是退出生涯阶段。在此阶段，教师将开始离开教育岗位，其中有些教师开始安度晚年，而有些教师则可能继续追求生涯的第二春天。

休伯曼的教师职业生命周期论。休伯曼把教师的职业生涯过程归纳为五个时期。一是入职期，即“求生和发现期”。在此期间，教师一方面表现出初为人师的积极热情，另一方面表现出面对新工作的无所适从，想要尽快步入正轨而急切希望获得教学的知识和技能。二是稳定期。在此期间，教师逐渐适应了自己的工作，并且能够比较自如地驾驭课堂教学，初步形成了自己的教学风格，已经能够比较轻松、自信地从事自己的工作，且在提升自己的教学技能等方面有了新目标。三是实验和歧变期。该阶段是教师职业生涯道路上的转变期，这种转变有两个方面：一方面是随着知识和阅历的增加，教师开始对教学及学校的相关工作进行大胆创新与改革，关注学校发展，对学校组织和管理中的漏洞进行批评和指正，不断挑战教师职业和自己本身；另一方面，单调乏味的教学轮回使教师产生了职业倦怠感，教师对是否要继续执教产生动摇，因而开始重新评估自己所从事的教师职业。四是平静和保守期。在此阶段，教师已经具有比较丰富的教育教学经验与教育教学技巧，不过他们通常没有了专业发展的热情和动力，在工作上表现得较为保守。五是退出教职期。在此阶段，教师的职业生涯步入了逐步终结的阶段。

此外，我国学者连榕提出了“新手—熟手—专家”三阶段理论，这些理论通过分析不同阶段教师的特点，运用对比分析的方法对专家型教师的教学专长发展做出了深入研究；李继峰等主张把在岗教师的专业成长简化为新手型教师、胜任型教师、骨干型教师和专家型教师四个主要阶段，并对各个阶段所表现出来的特征进行了分析；刘晓明认为将专家型教师的发展过程分为职前阶段、新手阶段、熟手阶段和专家阶段较合适，同时也对各个阶段所表现出来的特征进行了阐释。

审视以上不同研究取向的教师发展阶段理论发现，尽管它们立足不同的视角、依据不同的理论对教师的发展阶段进行了不同划分，但是仍表现出了一些相同的地方：其一，将教师职前培养、入职教育及职后培训联系起来，将教师发展视为一个一体化的、持续的专业发展过程；其二，认为教师的专业发展是一个终身的过程；其三，认为教师的专业发展具有阶段性，且各阶段的教师具有不同的特征或特性；其四，认为教师专业发展的动力来自其在环境压力下所产生的需求；其五，关注教师在各个发展阶段的特征；其六，教师专业发展的基本阶段依次为新手型、胜任型、能手型以及专家型四个发展阶段；其七，认为教师教育应为教师专业发展提供支持，且应该根据教师在专业发展不同阶段所面临的问题和不同需要来实施。不言而喻，以上七点共识，同样适合幼儿教师，同样也是幼儿教师专业发展阶段理论的一部分，同样也是指导幼儿教师教育的基本理论。

第二节　实践性理论

幼儿教师是一份实践性非常强的职业，作为一名合格的幼儿教师，必须深谙幼儿的保育和教育工作，显然，在培养学前教育本科专业人才（准学前教育师资或职前幼儿教师）的过程中，理应注重培养职前幼儿教师的实践能力。对此，本节将着重阐述与学前教育本科专业人才培养十分相关的三大教育实践性理论，即幼儿教师教育与生产劳动相结合理论、幼儿教师教育情境构建主义学习理论、幼儿教师教育实践性教学理论。

一、幼儿教师教育与生产劳动相结合理论

教育与生产劳动相结合理论是马克思主义教育的基本思想，也是我国长期教育方针的重要组成部分，马克思、恩格斯、列宁、斯大林、毛泽东、邓小平等老一辈领导人都非常重视教育与生产劳动相结合。马克思、恩格斯立足于人的全面发展和全面教育的视角，从三个方面阐述了教育与生产劳动相结合的理论：第一，教育与生产劳动相结合是改造现代社会最有力的手段之一；第二，教育与生产劳动相结合是提高社会生产力的一种重要方法；第三，教育与生产劳动相结合是培养全面发展的人的唯一方法。当前，“教育与生产劳动相结合”这一主张已经普遍为“教育要注重理论联系实践”这一原则所代替。其实，这两者的基本含义是一致的，它们都倡导人才的培养不仅要注重理论的指导，还要注重实践的锻炼，通过理论学习与实践训练全面提升人才的知识素质和能力素质。对于致力于培养幼儿教师的学前教育专业而言，理当在重视学前教育专业学生的知识积累的同时，不忘重视对他们进行未来职业能力的训练。只有通过教育与生产劳动相结合的形式，即高等师范院校的理论学习与幼儿教育一线（尤其是幼儿园）的实践体验，才能够更大限度地全面提升学前教育专业学生的职业素质。

二、幼儿教师教育情境建构主义学习理论

建构主义学习理论是20世纪80年代末期参照人脑的机制而构建的学习理论。建构主义学习理论认为，学习不是由教师把知识简单地传递给学生，而是由学生自己建构知识的过程。学生不是简单被动地接受知识，而是主动地建构知识，这种建构是无法由他人来代替的。学习不是学生被动接收信息刺激，而是学生主动地建构意义，是学生根据自己的经验背景，对外部信息进行主动的选择、加工和处理，从而获得自己建构的意义。为此，在教育过程中，教师不能无视学生已有的知识经验，简单、强硬地从外部对学生实施知识的“填灌”。在教育过程中，教师应该是学生建构知识的引导者或合作者，学生才是知识的主动建构者。20世纪90年代后，随着建构主义理论研究的不断深入，学术界对学习本质的认识不断加深，情境建构主义学习理论逐渐形成。情境建构主义学习理论认为，学习活动应该尽可能地在真实的职业环境中进行，学生在真实职业环境中的体验非常重要，这种体验十分有利于学生构建知识，教学有必要在真实的职业情境中进行。同时，情景建构主义学

习理论指出，如果学生的学习环境与其未来的工作环境是割裂的，则学生就难以养成在真实职业情境中建构知识的能力。情境建构主义职业教学模式主张以实践为先导，以任务为本位，激发学生的学习动机。目前，高等师范院校在进行学前教育师资职前培训时，课堂教学所占的比重仍然很大，这不仅难以使学生真正掌握专业理论，还容易造成理论与实践的严重分离。显然，对于学前教育专业人才培养来说，通过建构一种有利于学生学习的情境，激发学生学习的主动性与积极性，必然能够促进学前教育专业人才培养质量的提升。

三、幼儿教师教育实践性教学理论

教育实践性教学理论认为，那种将学生在校的学习与未来的工作完全割裂开来，或者认为学生在学校里的学习是为其未来工作做准备的，而未来的工作只是运用其在学校里获得的知识的观念在当代已经过时，只有把学生在学校里的学习和其未来的工作结合起来，才符合当代教育发展的趋势。为此，教育实践性教学理论认为，相对课堂学习来说，实践性学习更具有真实性。依据这种理论不难从中推断出，对学前教育专业人才培养来说，由于幼儿教师职业具有明显的实践性，因而在人才培养过程中，理应注重将学校的课程学习与幼儿园的见习及实习结合起来，只有这样，才能更大限度地提高学前教育专业学生的职业能力。

第三节　一体化理论

随着幼儿教育社会价值的日益凸显，幼儿教师的职业地位得以明显提高。在此背景下，有关幼儿教师的素质及其培养问题成为学界普遍关注的焦点。通过怎样的教育途径来提升幼儿教师的素质呢？针对这一问题，诸多学者主张通过一体化的教育途径来培养教师，即倡导幼儿教师教育一体化。培养学前教育本科专业人才的主要目的，无疑是为培养学前教育师资或职前幼儿教师做准备。为了提高学前教育本科专业人才培养的质量，理应以一体化的教师教育理论来指导学前教育人才培养的实践活动。对此，本节将专门对幼儿教师教育一体化理论加以阐述。

一、幼儿师范教育

从词源上来看，师范一词最早出自我国西汉扬雄的著作《法言》，其中说道，“师者，人之模范也”。这是我国第一次将师和范联系起来。在现代社会里，师范一词通常被理解为学高为师、身正为范。《现代汉语词典》指出，师范，即学习的榜样。由此可见，从字面意思上讲，师范教育就是通过教育的途径与方式培养可以作为他人学习的榜样的人。怎样理解师范教育更为合适呢？秦娟娟、姜红贵认为，师范教育主要是指培养专门师资的专业教育，包括职前教师培养、初任教师考核试用和在职教师培训；江玲认为，“师范教育是培养师资的专业教育”；蒋涛、胡小京则认为，师范教育是有计划、有目的地培养师资的专门实践活动。本书认为，从国内现实来看，师范教育有广义和狭义之分。其中：广义的师范教育与当下的教师教育一词是同一个概念，包括师资培养的整个过程，即不仅包括各级各类师资培养机构所实施的教育，还包括了教师的入职教育和职后培训；狭义的师范教育特指师资培训机构所实施的教育，即中等师范学校及高等师范院校和普通高等院校中开设的师范类专业所实施的教育。

长期以来，我国一直使用师范教育这一术语而不习惯使用教师教育这一术语，这是我国教师职前培养和职后培训长期互相分离，缺乏相互联系和相互沟通造成的，从而给人留下师范教育只是对教师进行职前培养的印象。我国过去的教师教育事业有这样一个真实写照：过去的师范教育本来包括教师的职前培养和职后培训两部分，但是由于教师的职前培养和职后培训长期相对分离、相互沟通不够，因而师范教育容易被人误认为其仅是对教师的职前培养。事实上，由于“师范教育”长期以来一直重教师的职前培养而轻教师的职后培训，重理论教学而轻实践教学，因而过去较长时间内一直将师范教育等同于教师职前培养是可以理解的。不过，自从终身教育理念得以倡导以及教师专业化运动得以推动之后，师范教育这一概念的内涵渐显狭窄而最终被教师教育这一概念所取代。

二、幼儿教师教育

何谓教师教育？《国际教育百科辞典》对教师教育的定义是教师教育或者说教师发展，可以从养成、新任研修、在职研修三方面进行认识；《中国大百科全书》指出，教师教育是指“培养师资的专业教育”；有学者认为，教师教育即在终身教育思想指导下，按照教师专业发展的不同阶段，对教师的职前培养、入职培训和在职研修通盘考虑，整体设计。一般情况下来说，教师教育是对教师职前培养、入职教育和职后培训的统称，是在终身教育理论的指导下，根据教师在专业发展不同阶段的特点，对教师有效实施职前培养、入职教育和职后培训的一体化教育过程。从内容上看，教师教育包括人文科学教育、学科教育、专业教育和教学实践；从顺序上看，教师教育包括职前教育、入职教育和在职教育；从形式上看，教师教育包括正规的大学教育和非正规的校本教师教育；从层次上看，教师教育包括专科层次教师教育、本科层次教师教育和研究生层次教师教育。总的来说，教师教育就是各级各类培养和培训师资的教育，既包括普通教育，又包括成人教育和特殊教育；既包括学前教育、中小学教育，又包括高等教育等师资培养和培训。显然，从师范教育到教师教育并不是简单的概念替换或文字游戏，而是标志着教师培养进入一个新的历史阶段，是教育发展的内在要求。教师教育更适应当今世界科技知识的更新加速和教育普及程度的提高。教师教育是对师范教育与教师继续教育的统合，是促进这两者相互联系、相互促进的现代教育体制，是对教师职前培养、入职辅导、职后培训的统称，适应了教师职业终身化、专业化、综合化发展的要求。

值得推出的是，教师教育这一概念在我国被使用的时间并不长，甚至可以说还是一个比较新的概念。尽管我国学界自 20 世纪 80 年代起便开始倡导以教师教育替代传统的师范教育，但直到 20 世纪 90 年代后期，教师教育才逐渐成为我国教育学术界的强势话语，而在国家有关文件中正式引入教师教育这一概念还是 21 世纪的事情。从已有文献来看，我国是在教育部 2001 年 5 月 29 日颁布的《国务院关于基础教育改革与发展的决定》中首次提出教师教育这一概念的。

由师范教育向教师教育的转变，反映出了我国教师教育从封闭走向开放、从单一走向多元、从数量走向质量的变革，逐步实现从继承到创新、从垄断到竞争、从地域化到网络化、从标注化到个性化、从知识导向到能力导向以及从终结教育到终身教育的转型。

目前，人们对教师教育的理解主要有三种：一是将教师教育作为一种现代教育体制，在教育制度的设计上要实现职前、入职和职后的连贯一致，为教师终身持续的专业发展提供外部条件和组织保障；二是将教师教育作为一种专门的教育体系，在教师培养、培训目标和内容设置上要坚持内在衔接，为教师终身持续的专业发展提供内部依托和设计框架；三是将教师教育作为一种教育活动过程，使得教育组织、教育实施及教育评价等活动贯通一体，为教师终身持续的专业发展提供活动载体和实现路径。

三、幼儿教师教育一体化

教师教育一体化的提出，始于20世纪70年代《詹姆斯报告》中的教师教育“三阶段论”，即个人教育阶段、准备教育阶段及在职教育阶段。在这种观点得到广泛认同的基础上，联合国教科文组织于 1975 年召开的第 35 届国际教育会议上通过了《关于教师作用的变化及其对于教师的职前教育、在职教育的影响的建议》，强调了教师培养与进修相统一的必要性。随着终身教育思想深入人心，联合国教科文组织于 1996 年在《教育——财富蕴藏其中》的报告中提议：把终身教育放在社会的中心位置，重新考虑并沟通教育的各个阶段。自此，教师教育一体化成为各国教师教育发展的总趋势。

什么是教师教育一体化？有学者立足于演绎概念，认为教师教育一体化是指“为了适应学习化社会的需要，以终身教育思想为指导，依据教师专业发展的理论，对教师职前、入职和在职教育进行全程的规划设计，建立起教师教育各个阶段相互衔接，既各有侧重，又有内在联系的教师教育体系”。有学者立足于归纳概念，认为教师教育一体化包含五个方面的内容：一是纵向意义上的一体化，即打破教师教育职前培养、入职辅导、职后培训的割裂局面，建立一个内部各阶段相互衔接、相互补充的教师教育体系；二是横向意义上的一体化，即充分利用各种教育资源，建立学历教育与非学历教育，正规学校学习与教师自我导向性学习、互助性学习等非正规学习相结合的教师教育体系；三是发展意义上的一体化，即将教师的知识、技术、能力等智力因素发展与态度、情感、意志等非智力因素发展有机地结合起来；四是研究意义上的一体化，即教育的理论研究和实践研究的一体化；五是整体意义上的一体化，即教师教育与学校发展的一体化。由此可见，教师教育一体化，其实就是为了适应学习化社会和教师专业化发展的需要，以终身教育思想为指导，对教师职前培养、入职教育、在职培训进行整体规划设计，明确不同阶段的目标、任务和要求，并科学设计与之相应的培养模式、课程结构和评价方法等，力求各个阶段相对独立、各有侧重，而又相互衔接、内在一体。首先，培养目标的一体化。实现教师专业化是教师教育的总体目标，实现这一目标要经历职前培养、入职教育、职后培训三个阶段。三个阶段的目标既有一致性，又有差异性，对此必须要有清晰的认识和准确的定位。职前教育阶段以掌握知识、技能为主，重在形成教师的基本素质；入职教育阶段重在适应工作环境，积累实践经验，提高在实践中运用知识的能力；职后培训阶段旨在更新知识、提高教学研究和业务能力，引导教师通过不断完善自我、超越自我而逐渐向专家型教师发展。其次，课程结构的一体化。课程结构一体化的重点是实现职前培养、入职教育与职后培训的课程内容相互衔接、相互融通，前期内容要为后续内容奠基，后续内容是前期内容的延续和提高，不是简单化的重复，而是既呈现阶段性又体现整体性。再次，培养过程的一体化。教师的成长是一个持续不断的发展过程，需要经历教师教育专业大学生（师范类专业大学生）、新手型教师、胜任型教师、能手型教师和专家型教师等几个专业发展阶段。强调培养过程一体化，就是要以终身教育理念整体审视、规划教师培养过程，研究教师从前一个阶段发展到后一个阶段的影响因素、内在规律、动力机制以及各阶段教师专业发展的特殊需求，并据此设计教育内容和方法，将培养过程与教师的成长过程密切结合起来，使前者成为后者的“催化剂”和“得力助手”，促使了更多的教师成长为专家型教师。最后，师资配置的一体化。建立一支通力合作且各有侧重的、高水平的教师队伍，把最合适的教师用在最合适的地方，从而为教师的专业化发展提供强有力的指导和帮助。

教师教育一体化是“师范教育”向“教师教育”转型的内在诉求，同时又是推动教师教育发展的组织机制保障和主要实现路径，与教师专业化的时代要求密不可分。教师教育一体化是指为了适应学习化社会的需要，以终身教育思想为指导，根据教师专业发展理论，对教师职前培养和职后培训进行全程的规划设计，建立起教师教育各个阶段相互衔接的，既各有侧重又有内在联系的教师教育体系。教师教育一体化又称为一体化的教师教育，其含义有三层：一是职前培养、入职教育和职后提高的一体化；二是中小学、幼儿教师教育一体化；三是教学研究与教学实践的一体化，即师范大学与中小学及幼儿园的伙伴关系。

综上所述，教师教育一体化既是一种教师教育的核心理念，又是一个教师教育的实践方案与行动指南。第一，教师教育一体化要求解决教育理论与教学实践脱节、说与做不统一的问题，通过一体化搭建起连接教育理论与教育实践的桥梁。第二，要打破条块分割的师范教育管理体制，建立统一、协调的领导体制，形成上下结合、内外融通的教师教育网络。第三，突破教师职前培养、入职教育及在职培训相互割裂，不同教育机构相互隔膜的局面，建立职前培养、入职教育及在职培训相互融通的教师培养与培训机构。第四，统一规划和设计教师教育的目标和内容，即把职前教师培养、新教师入职教育和在职教师培训这几个阶段的教师教育作为一个系统工程，从培养目标、课程结构和教育内容等方面统筹考虑。第五，重新调整、优化配置教师教育的师资队伍，建立一支职前、入职以及职后既有侧重，又有合作的教师教育师资队伍。第六，重新构建各级各类教师教育机构和广大中小学及幼儿园的关系，建立教育理论与教育实践的对话平台。

第四节 幼儿教师的实践性知识观

教师是一种实践性相对较强的职业，需要教师具备相应的实践性知识。教师的实践性知识是教师在实践活动的基础上，经历多次成功和失败后得出的总结。由于“教师的实践性知识是教师专业发展的主要知识基础，在教师工作中发挥着不可替代的作用”，因而，教师要想提升自己的专业发展水平，必须要不断地积累自己的实践性知识。作为教师群体的一部分，幼儿教师自然不会例外。显而易见，在学前教育师资或幼儿教师的职前培养阶段——学前教育专业人才培养过程中，理论应注重以实践知识观为指导，以便促进准幼儿教师实践性知识的积累。为此，本节将专门阐述幼儿教师的实践性知识观。

一、实践与实践性

实践性是指某一事物具有实践的性质或实践的特性，它是相对理论性而言的。何谓实践？从已有文献来看，很少有专门阐述这一概念的话题或文章。我国《现代汉语词典》（第7版）指出，实践是“人们有意识地从事改造自然和改造社会的活动”。马克思认为，实践不仅是与认识相对应的范畴，还是人的存在方式。学者郭水兰指出，实践一词有广义和狭义之分。广义的实践是指人们特有的对象性活动，或是人们凭借一定的手段有目的地、能动地改造世界的对象化活动；狭义的实践是与理论或认识相对应的范畴，是理论认识的运用，是区别人们以精神或观念的方式把握客体的活动。本书认为，一般来说，实践是相对理论而言的，是人们以一定的方式或手段改造客观世界的能动性活动。这种活动既可以是内隐的心理活动，又可以是外显的行为活动。

二、知识与知识观

知识观是关于知识的观念。英文中的“观念”一词，意指可见的形象，常指思想，有时亦指客观事物的表象在人脑里留下的概括性形象。如果说知识是个体、群体和人类的认识及其结果，那么知识观则是对认识及其结果的再认识，它不是某一具体的知识，而是对知识的一般观念、观点与看法。由于知识观是人们对知识的总的看法和观点，且其中关于知识是什么的问题是知识观的核心内容，因而，下面将重点对此问题加以阐述。

知识是什么呢？对于这个问题，学界大多习惯从哲学的视角进行界定。比如，古希腊哲学家柏拉图最早在《美诺篇》和《泰阿泰德篇》中提出，知识就是有理由的真信念，这是西方哲学家的传统看法。又如，美国哈佛大学社会学家丹尼尔·贝尔在《知识的规范》一书中将知识定义为一组对事实或概念的条理化的阐述，它表示一个推理出来的判断或者一种经验结构，可以通过某种信息工具以某种系统的方式传播给其他人。再如，《现代汉语词典》（第7版）中关于知识的解释，即知识是人们在社会实践中所获得的认识和经验的总和。还如，《中国大百科全书·哲学》指出，知识是人类认识的成果，是在实践的基础上产生又经过实践检验的对客观现实的反映。从已有文献及应用实践来看，知识的概念与众多概念密切相关，丰富而多义，在不同的语境中有着不同的含义，在不同的场合其用法也不尽相同。比如，在日常语境中，人们常常未做任何区分地使用知识概念，它经常与经验、文化、信念、信息等概念等同使用，因此显得较为模糊、含混，缺乏清晰而准确的定义。教师教育是一项关于知识传承和人才培养的事业，知识的选择、传递、理解、创造和评价是教师教育的基本工作，显而易见，对知识这一概念的理解与使用是教师教育的起点。那么，在教师教育语境中如何定义知识这一概念更为合适呢？下面先探讨一下界定知识的方法论原则。

第一，适当界定知识的外延。外延是一个概念的基本构成部分，它规定某一概念的指涉范围。由于知识的内涵十分丰富且运用广泛，因而需要当心其外延过宽，出现将知识等同于文化、意识、精神的问题。不过，其外延过窄也不可取，如若将知识等同于科学、真理，就限制了知识的原有范围，无视了多种类型知识的存在。为了恰当定义知识，必须涵盖各种知识类型。目前，有关知识的分类有很多，但是一般将知识分为自然科学知识、社会科学知识、人文科学知识、数学知识和哲学知识等类型。

第二，重视知识的形成过程。传统上，知识代表着人类理智活动的成就，是人类认识世界的结果，体现为一些较为稳定、可靠的结论性认识。知识虽然是人类认识的成果，但它还是人类创造活动的结晶。对知识创造过程的关注，凸显了当代知识总体上的丰富性、生动性和动态性。在教师教育领域关注知识的形成过程，有助于将探究精神、能力、智慧引入知识概念，使静态的知识动态化，复现知识多方面的育人价值。

第三，不能忽视缄默知识。所谓缄默知识，也称默会知识或意会知识，即只能意会、体验而不能言传的知识，这类知识尽管不是知识的主体，但由于是人类知识的一种形态与样式，因而不可忽视。缄默知识虽然不易表述，但仍然能够或多或少地被部分表述，否则这种知识将因不可捉摸而不会引起人们的关注。为此，在定义知识的概念时，既要充分重视具有言说性质的知识（简称“言说知识”），又要充分重视缄默知识。

第四，外在与内在的统一。从其内容来看，一方面，知识具有外在性。尽管知识是人类创造活动的结晶，但它不是人类内在的纯主观活动的产物，而是有其外在的客观基础的。此外，知识的外在性还体现在它可以凭借语言和文字以声音、符号、图画等形式表达出来，以信息的形式储存在磁带、光盘、图书、报刊之中。另一方面，知识具有内在性。所谓内在性是指知识内在于人的主观能动创造，是人类改造自然界、创造社会以及创造思维的结果。显然，外在性和内在性同为知识的基本属性。

由此出发，本书对知识下这样的定义：所谓知识，是人类在改造自然界与人类社会及发展思维的实践中产生或形成的，能够运用某种方式表述的，有关人类自身内部、外部世界的认识、体验、活动操作等种族与个体的经验。

三、实践性知识观

实践性知识观是关于实践性知识的观点或理论。实践性知识观指出，知识分为理论性知识和实践性知识两种，理论性知识通过理论学习而获取，实践性知识必须通过个体亲身实践体悟才能获得，且实践性知识具有个体性、经验性、情境性、缄默性及非结构性等特征。

第一，实践性知识具有个体性。知识是人类在实践活动中形成的，不同的个体，由于其经历的具体实践不同，因而所获得的实践性知识也有差异。正如美国教育家埃贝尔所说："一个人经验（直接的或间接的）和记忆的一切内容，都可以成为他知识的一部分。如果经验和记忆的内容被整合进他自己的知识结构中，记忆内容就成为知识的一部分。但是这只能由学习者自己来做，别人无法越俎代庖。"实践性知识具有个体差异性，不同的个体，其拥有的实践性知识是不同的。

第二，实践性知识具有经验性。实践性知识是个体在经历某种实践活动的过程中或完成某种实践活动之后形成的，是个体对某种实践活动的真实体验与体悟，明显具有经验性。一个人的实践性知识必须依靠他本人亲自体验与体悟之后才能形成，其他人不能代替或包办，否则就不是他本人的实践性知识而是他人的实践性知识。实践性知识不是某种客观的和独立于个体之外而被习得或传递的东西，而是个体经验的全部。

第三，实践性知识具有情境性。一方面，个体的实践活动离不开具体的情境，即个体的实践活动必然发生在某种具体的情境之中，若是缺乏某种具体情境条件做支撑，相应的实践活动就将难以产生或根本不可能产生。为个体提供相应的情境条件，是个体形成相应实践性知识的前提。另一方面，与理论知识相比较而言，实践性知识是一种不确定的情境性知识，与特定情境问题的解决有关。

第四，实践性知识具有缄默性。实践性知识是个体对自身实践活动的体验与体悟，其中的诸多体验与体悟是难以用言语表达的，只能通过意会的方式表达。如果某种实践性知识的全部内容均能够用言语表达出来，则这种实践性知识就上升为一种理论性知识。

第五，实践性知识具有非结构性。个体的实践性知识是一种实践智慧，具有较大的灵活性，在不同的实践活动中必须灵活地运用。

四、幼儿教师的实践性知识观

教师的实践性知识观是关于教师实践性知识的看法和观点。最早提出教师具有"实践性知识"这一观点的是国外学者埃尔巴兹，他指出，"教师拥有一种特别的知识，它通过实践行为以及对这些行为的反思来表达。这种知识难以编码，是经验性、内隐的，它源于对实践情景的洞见"。实践性知识观强调教师的专业知识是通过教师在体验与反思的基础上主动构建的，具有个体差异性。值得指出的是，在国内外已有的相关文献中，学者对"教师实践性知识"的称谓不尽一致，例如教师实践知识、教师实践性知识、教师缄默知识、教师缄默性知识、教师实践智慧、教师个人知识、教师个人教育知识、教师个人理论以及教师个人实践理论等，本书采用教师实践性知识这一提法。

（一）教师实践性知识的基本特征

1．实践性

柯兰迪宁认为，教师实践性知识是从经验中出现且在教师个人行动中表现出来的有意识或无意识的信念体。教师实践性知识直接与教师的“三教”（教思考、教体验、教表达）实践相联系并服务于教师的“三教”实践。这就意味着，教师实践性知识是在实践中建构的、关于实践且指向实践的知识。即“三教”实践是教师建构与展示实践性知识的基本平台，若离开这个平台，则教师实践性知识不但难以构建而且难以找到“用武之地”。

2．个体性

教师实践性知识是教师自己的，来自教师自己的教育教学经验，饱含着教师个体的主观经验、热情、情感、信念与价值观等，具有鲜明的个性化色彩。对于每一位教师而言，教龄不同、阅历不同、工作经历不同、个人能力不同、思维方式不同及行为特征不同等，都会导致不同的教师个体对同样的实践性知识具有不同的表达方式。

3．情境性

教师实践性知识通常形成于特定的教育情境之中，打着特定的教育情境的印记。生命存在的意义是以生命与境遇的内在融合性和整合性为前提的，社会问题最初产生于并将最终落实于具体的境遇中，必须由个人凭借自己的见解、判断和选择来解决。教师在特定的校园里、在特定的教室中，以特定的教材、特定的学生为对象进行工作时，相应就会形成其“三教”实践活动所具有的特定教育情境。这些特定的教育情境由于是丰富、鲜活、多样的，因而赋予了教师实践性知识形成的情境性。

4．默会性

从知识的存在方式和可传递性角度来讲，教师实践性知识的大部分是具有个人品格的、隐性的和不易传递的默会知识。对于教师来说，他们有时候并不能清晰地表达出他们的“三教”实践经验与生活经验，以及在此基础上形成的对“三教”实践活动的体悟，因而，这些实践性知识变成了一种默会知识。

5．整体性

教师的“三教”实践总是在整体地发生着。在丰富、鲜活、生动的“三教”实践现场中，教师面对的不仅是学生个体的多样性、教育教学情境的不确定性，还有诸多复杂的相关因素，对此，教师必须整合自身的多种知识、多种能力、多种品格，才能完成“三教”实践活动。正是在这种整体性参与的“三教”实践中，教师才逐渐建构起实践性知识。可见，教师实践性知识其实是一个具有整体性的、复杂的知识群。

6．创造性

由于教师实践性知识具有个体性，所以不同的教师个体拥有着不同的实践性知识。教师实践性知识可以被教师个体之间相互借鉴和模仿，但是不可以被复制和重现。比如，即使是教师个人，也不可能机械地沿袭或套用自己过去的教学方式。这是因为：一方面，教师面对的工作对象——学生，具有明显的动态性和差异性；另一方面，“三教”实践所面临的问题总是不可重复、变化多端的。这就决定了教师的“三教”实践活动必然是一种创造性活动。

7．发展性

教师实践性知识真实与否、有用与否，还有赖于教师在下一次“三教”实践活动中进行检验和完善，由此可见，不像理论性知识证实的过程——只是回头验证一个已经存在的、脱离现实情境的观念或思想，教师实践性知识是一个动态生成、不断丰富的过程。此外，教师实践性知识不像理论性知识那么固化、静态、确定和精准。当教育问题需要立刻解决时，教师的行动具有紧迫性，其实践性知识也具有行动的逻辑。而理论性知识具有纯思辨的逻辑，不必过多考虑行动的步骤、程序和紧迫性。

（二）教师实践性知识的增进途径

要想提升教师的专业实践能力，必须要增进教师的实践性知识。加强教师的实践反思、创建教师共同体、强化教师培养的实践环节等途径，是增进教师实践性知识的基本途径。

1．加强教师的实践反思

一般情况下来说，只要具有一定“三教”实践经历的教师，都或多或少具有一定的实践性知识。起初，这些实践性知识大多是零散的、感性的，但经过教师自己反思总结后就可能比较系统、比较理性，进而就会对教师今后的“三教”实践具有指导价值。为此，通过一定的方式，激励教师积极主动地反思自己的“三教”实践，以之增进教师实践性知识，十分必要。

2．创建教师共同体

由于教师实践性知识具有明显的个体性与情境性特征，因而一旦遇到复杂的“三教”问题情境，单个教师往往会出现无助感。然而，在平等、合作的原则下构建教师共同体，将可以促使教师通过研讨、协商、支持等方式共同探索与解决“三教”问题。不言而喻，在教师共同探索与解决“三教”问题的过程中，他们各自的实践性知识都将会得到明显的增进。

3．强化教师培养的实践环节

教师实践性知识是教师在大量实践体验中产生的，为增进教师实践性知识，有必要强化教师职前培养、入职教育及职后培训等各阶段的实践环节。比如：在入职教育及职后培训阶段，调整教师培养的课程结构，增加教学技能和微格教学培训的课时量；在职前培养阶段，延长教育实践的时间长度，保证教育见习与教育实习的有效性等等。

第五节　职业能力形成

能力是在先天素质的基础上，通过知识学习、品性修养、技能训练及整合与类化形成的。知识与技能的形成和品性的养成是幼儿教师教育内容和方式选择的理论依据之一。

一、知识的学习

知识是个体通过与其环境相互作用后获得的信息及其组织，个体要完成某些工作任务的前提是必须具备相应的知识。知识有不同的形式，人们常将知识划分为陈述性知识和程序性知识。陈述性知识用于说明事物是什么、怎么样、为什么等问题，如陈述某种观点、意见，陈述某种事实。程序性知识主要回答做什么、怎么做等问题，是一种实践性知识，也称为操作性知识。

当人掌握了某种知识时，就会运用这些知识指导自己的活动，这些知识就会参与有关活动的调节，从这个意义上来说，知识是活动的自我调节机制中一个不可缺少的构成要素。而能力作为个体心理特征，对活动的进程及方式起着稳定、调节与控制作用，是系统化、概括化的个体经验。由此可见，知识是能力基本结构中不可缺少的组成部分。能力的形成和发展与知识的获得和积累是分不开的。这就意味着要想提高能力，仅仅单独训练技能（心智技能、操作技能）是远远不够的，必须要有一定的知识做后盾。

知识的学习主要是指知识的掌握，是职业能力形成和发展的第一个阶段。在这个阶段中，新信息进入短时记忆，与来自长时记忆的原有知识建立一定的联系，并纳入原有的命题网络，从而得到理解。个体通过类比、归纳及结合等内在同化过程获得知识，并且运用记忆规律促进知识的保持，用所学知识解决类似或同类课题，做到了知识的迁移和应用。因此，人们一般把学习划分为习得、巩固和转化、应用三个阶段。

（一）习得阶段

在学习目标的指引下，学习者有选择地接受新的知识，并使其与原有知识相互联系、相互作用，然后被储存下来。习得是知识掌握的首要环节，指为了懂得词所标志的事物的情形、性质，对事物获得间接认识的过程。该阶段是新知识习得的第一阶段，陈述性知识和程序性知识尚未分化，所有的知识都是陈述性的。对于程序性知识来说，习得的是它的前身，即程序性知识的陈述形式。

（二）巩固和转化阶段

在这个阶段，新知识有两种发展方向：一部分知识被储存下来，通过恰当的复习，成为知识结构中新的有机组成部分，有的甚至能改变原有的知识结构，并得到巩固；另一部分知识经过各种变式练习，转化为程序性知识。复习使知识得以巩固，是知识由第一阶段的陈述性形式转化为第二阶段的程序性形式的重要条件。知识如果不经过巩固和转化，就会被遗忘。

（三）应用阶段

在应用阶段，不同类型的知识被用来解决不同的问题：陈述性知识用来解决“是什么”一类的问题；程序性知识用来解决“怎么办”的问题。陈述性知识的提取是一个有意识的、依据线索进行的过程，程序性知识的提取往往是一个快速、自动化的激活过程。

二、技能的学习

技能是通过学习而形成的合乎法则的活动方式，具体表现为个体在特定目标指引下，运用已有的知识经验，通过练习而形成的趋于完善化、自动化的智力活动方式和肢体动作方式的复杂系统。例如操作机器设备的技能、写作技能、绘画技能、音乐技能和教学技能等。

知识与经验是在人脑中形成的经验系统，是对经验的概括，而技能则是个体固定下来的动作系统或心智模式，是对动作和动作方式的概括。但是知识的领会与技能的形成是相辅相成的。领会某种知识需要某些已形成的基本技能，掌握某种技能要以程序性知识的掌握为前提，一般通过感性认识（看或听）、模仿（学习）、练习反馈等过程，通过由不会到会再到熟练，从而达到自动化式的定型。熟练的、自动化的、定型的技能往往具有迅速性、流畅性、同时性、经济性和适应性等特点。

按技能的性质和特点，可以将技能分为操作技能和心智技能。

（一）操作技能

操作技能又称运动技能或动作技能，是指将一系列实际动作以合理、完善的程序构成的操作活动方式，是通过学习而形成的合乎法则的操作活动方式，是通过由一系列外部动作构成的。日常工作和生活中的许多技能都是操作技能。例如，音乐方面的吹、拉、弹、唱，生产劳动方面的焊、磨，办公方面的打字、复印、传真，农业方面的播种、施肥、收割，医护方面的打针、化验，体育方面的跑、游泳等。

操作技能具有以下三个特点。

首先，就动作对象而言，操作技能的活动对象是物质性客体或肌肉，具有客观性。

其次，就动作进行而言，操作动作的执行是通过外部显现的肌体运动实现的，具有外显性。

最后，就动作的结构而言，操作活动的每个动作必须切实执行，不能合并、省略，在结构上具有展开性。

在操作中，身体的肌肉骨骼运动起主导作用，而感知、记忆、想象和思维是次要的。例如，电子产品装配工人将产品的组装方式“记忆”“固化”在手指上。

操作技能的学习可分为操作的定向、操作的模仿、操作的整合和操作的熟练四个阶段。

1. 操作的定向阶段

操作的定向指了解操作活动的结构与要求，在头脑中建立起操作活动的定向映像的过程。虽然操作技能表现为一系列的操作活动，但是学习者最初必须了解做什么、怎么做，即首先要掌握程序性知识。程序性知识不同于操作技能，程序性知识是操作活动的定向映像，而操作技能是实际的操作活动方式，例如有哪些要素构成某一操作活动，操作的全过程是如何进行的，各动作要素间的关系和顺序如何，操作的最后结果是什么，使用什么工具，采用哪些工作方式、方法，如何自我检查防止错误等。操作定向是操作技能形成过程中的一个重要环节，使学习者知道做什么、怎么做，准确的定向映像可以有效地调节实际的操作活动，缺乏定向映像的操作活动经常是盲目的尝试，效率低下。因此，不能忽略该环节在操作技能形成过程中的作用。

2．操作的模仿阶段

操作的模仿即实际再现出特定的动作方式或行为模式。个体在定向阶段了解了一些基本的动作机制，而在模仿阶段则尝试做出某种动作。因此，模仿是在定向的基础上进行的，缺乏定向映像的模仿是机械的模仿。操作技能最终表现为一系列的合乎法则的操作活动方式，仅在头脑中了解这种活动结构及其执行方式是不够的，如果没有实际的操作，那么始终是纸上谈兵，不可能形成动觉体验，也不可能形成操作技能。因此模仿的实质是将头脑中形成的定向映像以外显的实际动作表现出来，只有实际做出合法则的活动，才算是掌握了操作技能。通过模仿，个体可以检验已形成的动作定向映像，使之更完善、更巩固，有助于定向映像在形成过程中发挥更有效的作用。模仿还能加强个体的动觉感受，把知转变为行，将头脑中各种认识与实际的肌肉动作联系起来。

在模仿阶段，动作具有如下主要特点（表 2-1）。

表 2–1　操作模仿阶段的动作特点

四个方面	特点及表现
动作品质	学习者尚未建立起稳定的、清晰的内部调节系统，该内部系统主要以动作映像与动觉体验为主，动作的稳定性、准确性、灵活性较差
动作结构	动作要素间不协调，互相干扰，相互衔接不连贯，经常出现顾此失彼的现象，并有多余动作产生
动作控制	主要靠视觉控制，动觉控制水平较低，不能主动发现错误与纠正错误，注意分配能力较差，表现为顾此失彼
动作效能	效能较低，完成一个动作比标准速度要慢，用较长的时间、花费较大的体力与精力来从事某项活动，个体经常感到疲劳、紧张

3．操作的整合阶段

操作的整合即把模仿阶段习得的动作固定下来，并使得各动作成分相互结合，成为定型的、一体化的动作。由于学习者在模仿阶段只是初步再现定向阶段所提供的动作方式或模式，故而动作整体水平较低。整合一方面使动作水平得以提高，动作结构趋于合理、协调，动作的初步概括化得以实现，另一方面使个体对动作的有效控制逐步增强。因此，整合是操作技能形成过程中的关键环节，它是从模仿到熟练的一个过渡阶段，也为今后能熟练地操作打下基础。

由于整合是动作由模仿到熟练的过渡阶段，所以其动作特点也体现了这种过渡性（表 2-2）。

表 2-2　操作整合阶段的动作特点

四个方面	特点及表现
动作品质	在外界条件保持不变的情况下，操作动作可以表现出一定的稳定性、精确性、灵活性；当外界条件发生变化时，动作的稳定性、精确性和灵活性都有所降低
动作结构	部分动作趋于分化、精确，整体动作趋于协调、连贯，各动作成分间的相互干扰减少，个体有意识地将部分、个别动作联成整体，而不是生硬地将各动作要素拼凑，多余动作减少
动作控制	视觉控制不起主导作用，逐渐让位于动觉控制；肌肉运动感觉变得较清晰、准确，并成为动作执行的主要调节器；知觉范围扩大，发现错误的能力增强，注意力主要集中于动作的改进与完善，但动觉控制不稳定，外界条件变化时视觉控制仍先起作用
动作效能	技能有所提高，疲劳感、紧张感降低；不必要的心理能量消耗减少，但没有完全消除；动作衔接、转化不熟练，完成动作不稳定

4. 操作的熟练阶段

操作的熟练指所形成的动作方式对各种变化的条件具有高度的适应性，动作的执行达到高度的完善化和自动化。操作的熟练是操作技能形成的最后阶段，也是由操作技能转化为能力的关键环节。在这个阶段，各个动作联合成为一个整体，相互协调，熟练程度逐步提高，动作技能接近自动化。操作技能形成的过程同时也是心理和动作变化的过程。在操作的熟练阶段，动作的特点实际上体现出操作技能的关键特征（表 2-3）。

表 2-3　操作熟练阶段的动作特点

四个方面	特点及表现
动作品质	动作对各种变化的条件表现出高度的灵活性、稳定性和准确性，在各种变化的条件下都能顺利完成工作
动作结构	各个动作之间的干扰消失，衔接连贯、流畅，高度协调，多余动作消失
动作控制	对动作的控制增强，视觉注意范围扩大，能准确地觉察到外界环境的变化并调整动作方式
动作效能	紧张感、疲劳感降至最低，可以有效地同时从事两种或多种活动

（二）心智技能

心智技能也称智力技能、认知技能，是一种思维的技能，是人们利用所掌握的知识和经验，借助于内部言语在头脑中默默地对事物的印象进行加工改造的过程，是指观察、分析、判断和决策的能力。心智技能具有三个特点：第一，动作对象的观念性；第二，动作执行的内潜性；第三，动作结构的简缩性。心智技能的掌握一般要经过以下几个阶段。

1. 原型定向阶段

原型也叫“原样”，通常指那些被模拟的某种自然现象或过程。心智活动具有观念性、内潜性和简缩性等特点，不容易被人直接感知、把握，但是也有外化的物质活动原型，包括实际的操作活动程序、实践模式等。原型定向即了解这种实践模式，了解动作结构、各动作成分及其顺序等。通过原型定向，个体在头脑中形成了有关活动方式的定向映像，而这种定向映像一旦建立，它就可以调节以后的实际心智活动，这也是心智活动产生的基础。

2．原型操作阶段

原型操作即把头脑中建立起来的动作程序以外显的方式付诸实施。在该阶段，活动的方式是物质化的，即运用图片、文字、模型、示意图等外部语言通过外显的方式一步步执行。在操作的开始阶段，需要逐步展开，并不断变更活动对象，也就是说，学习者将心智活动的实践模式应用于多个问题的解决，以便于为将来的内化提供基础。个体在这个阶段的活动是展开的、外显的，个体依赖实践模式进行活动，经常借助于外部语言的引导和外部辅助手段。

3．原型内化阶段

原型内化即心智活动的实践模式向头脑内部转化，借助于内部言语，个体可以在头脑中进行程序化的心智活动，而且能以非常简缩、快速的形式进行。当面临一个问题时，个体摆脱了实践模式，不必以言语表述出活动程序的每一步，动作也不必一一展开，有些步骤还可以交叉或同时进行。有时个体自身都难以意识到操作的每一步，但实际上确实是按照该活动的程序进行的。在这个阶段，个体摆脱了实践模式，已经将实践模式内化为一种熟练的思维活动方式。最初个体面对新任务时，始终复述任务的规则，但随着不断的练习，渐渐不再复述规则，这便是内化的一个标志。

在理论上，心智技能需要经过以上三个阶段才能形成，但是若构成心智技能的某些阶段或部分已经为个体所掌握，个体则可以利用迁移的规律，而无须机械地重复上述三个阶段。

操作技能与心智技能是相辅相成的。操作技能是心智技能最初形成的依据，同时也是心智技能的具体表现，而心智技能则对操作技能具有指导、调节与升华的作用。

三、品性的养成过程

品性是在对人、对事的态度和行为方式上所表现出来的心理特点。态度的一贯性是品性的表现，品性的养成基于态度的形成和改变过程。态度的外显性，使得品性的培养与评价成为可能。

心理学研究认为，态度是通过学习形成的影响个体行为选择的内部准备状态或反应的倾向性。它包含认知成分、情感成分和行为倾向成分。

认知成分是个体对态度指向对象带有评价意义的观念和信念。不同个体的态度中所含的认知成分不同，例如有的人可能基于正确的信息，有的人则可能会基于错误的信息，有的人基于理性的思考，有的人则基于情感冲动。

情感成分指伴随着态度的认知成分而产生的情绪或情感。

行为倾向成分指个体所表现出来的行为意图，即准备对特定对象做出的某种反应。

职业态度除了包括一般意义的态度外，还包括职业精神（敬业精神、创业精神）、职业信念、职业道德等。职业态度是各行各业对从业者特殊的素质要求，是指人们在一定生理和心理条件基础上，通过教育培训、职业实践和自我修炼等途径形成和发展起来的，在从事专门工作中内在的、稳定的、经常起作用的品质。

态度不是先天的，而是社会性学习的结果。个体在家庭、学校、社会等不同情境的作用下，通过他人的社会示范、指导、忠告，将社会的要求内化成自身的态度，并在一定条件下做出迁移和改变。一般认为态度的形成和改变要经过顺从、认同和内化三个阶段。

（一）顺从

顺从是表面接受他人的意见或观点，在外显行为方面与他人一致，而认识与情感上与他人不一致。在这种情况下，个人态度是在外部压力下形成的，主要受外部奖励与惩罚的影响，态度会随外在情境的变化而变化。

（二）认同

认同是指不受外界压力的影响，个体在思想、情感和态度上主动接受他人或集体的影响。

（三）内化

内化是将自己所认同的思想和自己原有的观点和信念融为一体，在思想观念上与他人的思想观点一致，构成一个完整的价值体系。在内化的过程中会解决各种价值的矛盾和冲突，当个人按照自己的内化价值行动时，会感到愉快和满意，而当出现了与自己的价值标准不同的行动时，会感到内疚、不愉快。这代表着稳定的态度形成了。

第三章　学前教育专业教师职业能力形成模型分析

第一节　职业能力形成模型分析

一、职业能力形成模型

（一）能力的内涵

职业能力是一种能力。对能力的理解，直接影响对职业能力内涵的界定。随着社会和科学的发展，人们对能力的理解不断深化。从心理学角度上来讲，能力指顺利地完成某种活动所具备的稳定的个性心理特征。

早期心理学家强调能力的遗传性，即能力是“天生”的。20 世纪 60 年代，有人通过血缘关系越近、智商相关性越高的研究，说明了遗传的作用；又通过调查发现无血缘关系而在一起生活的人其智商有中度相关性，说明了环境对能力形成的重要作用。

由于对能力理解的角度不同，因此产生了对能力的多种分类。心理学家根据能力的掌握情况以及是否具有掌握的可能把能力分为显能和潜能。“显能”指一个人现在已经具有的现实的能力；“潜能”也称为能力倾向，是指一个人经过进一步的学习和训练而达到更高水平的可能性。潜能也强调先天的因素，认为一个人如果具有某方面的能力倾向，经过学习和训练，就易于获得优异的成绩。教育工作者的重要任务之一，是挖掘学生的潜能，了解受教育者的现实能力，认识其近期发展的可能性，并创造条件，通过训练将这种可能性转化为现实能力，并使学生在完成某一任务向另一任务的迁移中发挥主观能动性。

20 世纪 70 年代，美国著名心理学家麦克里兰提出能力“冰山模型”（图 3-1）。所谓“冰山模型”，就是将人员个体素质的不同表现方式划分为表面的“水平面以上部分”和深藏的“水平面以下部分”。其中，“水平面以上部分”包括其基本知识、基本技能，是外在表现，是容易了解与测量的部分，相对而言也比较容易通过培训来改变和发展。“水平面以下部分”包括自我概念、特质和动机，是人内在的、难以测量的部分。它们不太容易通过外界的影响而得到改变，却对人员的行为与表现起着关键性的作用。这一模型为职业能力的培养和评价提供了借鉴。

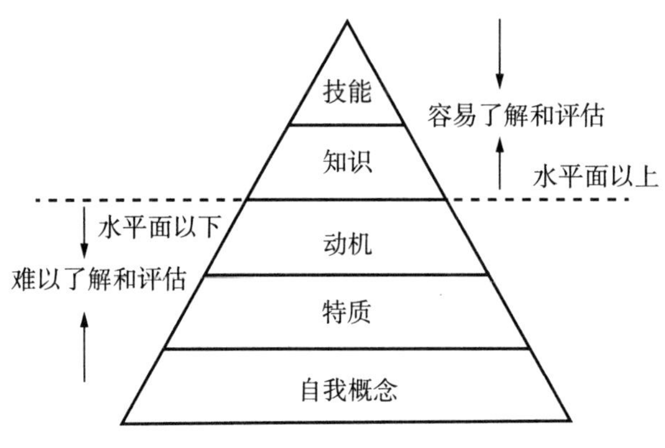

图3-1　能力"冰山模型"

能力是完成一定活动的本领，包括完成一定活动的具体方式，以及顺利完成一定活动所需要的心理特征，这已经成为了众多学者的共识。学者罗树华等人认为，"所谓能力，是以人的一定生理和心理素质为基础，在认识和实践中形成、发展的完成某种任务的能动力量"。学者康锦堂通过对活动、知识和技能的分析来对能力进行定义，"能力是驾驭知识和技能顺利完成活动的必要的心理特征"。这种定义较好地说明了能力的实质，指出能力与知识、技能的关系，明确了能力与活动的关系，是一个比较有操作性而且比较直观的定义。

综合上述定义，本书认为，能力是个体的心理特征，知识和技能都是能力的要素，缺乏必要的知识和技能，相应的能力也就不存在了。能力具有以下特点：能力是知识和技能的有机结合，能力需要一定的知识和技能来支撑；能力是直接影响活动目标是否实现及其成效的个性心理特征；能力是一定活动情境中的能力，离开活动也就无所谓能力；能力是在人生理素质的基础上，经过教育与培养，并在实践活动中吸取他人的智慧和经验而形成和发展起来的，能够通过实践活动获得提升。

（二）职业能力的构成

职业能力是人们从事一门或若干相近职业所必备的本领，是个体在职业、社会和私人情境中进行科学思维，对个人和社会负责任地行事的热情和能力，是科学地工作和学习的基础。按照不同的分类依据，可以对职业能力从不同的方面进行分类。不管如何分类，职业能力都应该被理解成一个"整体"，而不只是"各部分之和"，指个体通过融合一系列知识、技能和态度来发挥更具技术含量的作用，而不仅局限于完成个别任务。

德国的"职业行动能力模型"，体现了德国职业教育界对职业能力的理解。"职业行动能力"是指个体在职业情境中熟练而职业化的、经过深思熟虑的以及承担社会责任的行动的本领和状态。这里的"行动"包括个体的主观意识行动和个体的客观意识行动，即要实现动作行动与心智行动的整合。职业行动能力不只是关注操作技能本身，还全面、深入地分析影响操作技能养成的诸多方面。因此，其仍然是一个包含着不同维度的知识、技能与行为的整体性概念。德国职业能力的基本结构可从纵横两个维度进行分析，其中，纵向可分为基本职业能力和综合职业能力即关键能力，横向则包括专业能力、方法能力和社会 能力。

1．基本职业能力

基本职业能力即从业能力，是劳动者从事一项职业所必须具备的能力，包括与具体职业密切相关的专业能力、发展能力和社会能力（图 3-2）。

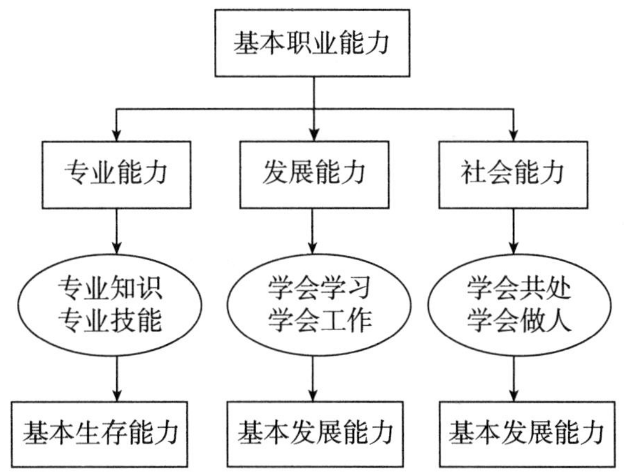

图3–2　基本职业能力结构示意图

（1）专业能力

专业能力是指在专业领域内，人们从事生产、管理和服务等职业活动所需的能力，包括从事职业活动所需要的技能及相应的知识，是职业活动得以进行的基本条件，是劳动者赖以生存的基础能力和核心本领，在整个能力结构中处于核心地位。合理的“知能”结构、专业的应用性和针对性是对专业能力的基本要求。

（2）发展能力

发展能力是指建立在职业素质基础上，使工作能够延续且能够适应经济和职业发展要求而不断获得增强和发展的能力。它侧重表现为方法能力和社会能力的进一步发展，同时也是具体的专业能力的抽象。发展能力的结构可以从三个层次来建构：从身心素质发展的角度来看，即要具有保持身心健康的知识和能力，养成良好的生活和工作习惯，实现身心发展的可持续性。从专业素质发展的角度来看，即要求具有长远的规划能力，自我获得和更新知识、技能的能力，具有不断学习的能力，由此实现专业发展的可持续性，在知识创新和技术更新不断加快的现代社会，提高自身的学习能力、实践能力和创新能力无疑成为个人发展的必然选择。从个人与社会发展的关系角度来看，由于在每个人一生中的不同时期，社会化的要求和内容都会有所不同，要想保持个体社会化的可持续性，个体必须要具备一定的自我调适、适应社会伦理需要和跟上时代发展的步伐能力，从而实现职业社会化的可持续性。

（3）社会能力

社会能力是指具备从事职业活动所需要的人际交往能力、处理公共关系的能力，即组织协调能力、交往合作能力、适应转换能力、批评与自我批评能力、口头与书面表达能力以及心理承受能力等。它既是基本生存能力，又是基本发展能力，是劳动者在现代社会中必须具备的基本素质。积极的人生态度、对社会的适应性以及规范的社会行为是对社会能力的基本要求。

虽然个人所从事的工作不同，对以上三个方面的侧重点也有所不同，但是无论从事何种职业，都将无可避免地涉及以上三个方面能力的使用和开发。

2. 关键能力

关键能力也常称为综合职业能力、跨职业能力和是基本职业能力的纵向延伸。它源于基本职业能力但高于其基本职业能力，与纯粹专门的职业技能和知识无直接关系，包括超越具体职业技能与职业知识范畴的专业能力、发展能力和社会能力（图 3-3）。

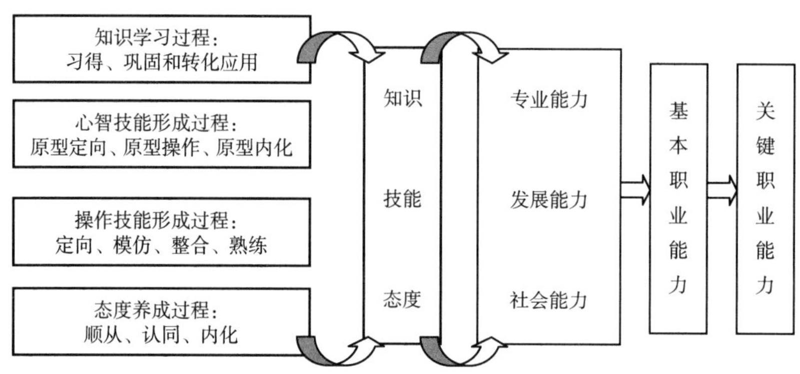

图3–3　职业能力形成逻辑示意图

（1）专业能力

关键能力层面的专业能力是指职业的适应能力，对于新技术的理解、接受能力，提出合理化建议的能力，以及具有的质量意识、经济意识、安全意识、时间意识等。

（2）发展能力

关键能力层面的发展能力是指全局与系统思维，逻辑与抽象思维，联想与创新思维，信息的获取、决策、评价与传递，目标辨识与定位等。

（3）社会能力

关键能力层面的社会能力主要是指社会责任感、群体工作的协调与仲裁、宽容能力、心理承受力、参与意识、成功欲、自信心、主动性、积极性、灵活性、语言及文字表达能力等，是基本职业能力层面的社会能力的进一步发展。

关键能力主要指劳动者能够独立思考、独立工作，勇于承担责任，善于交流合作，具有较强的学习能力，能够不断获得新的职业知识和技能，能够应对变化多端的环境。在当今瞬息万变的社会中，关键能力对劳动者的发展具有非常重要的意义。

二、能力的形成机制

个体习得知识、技能并能简单应用，并不代表已经具备了相对应的能力。个体需要参与到模拟的职业情境或特定的职业活动中，通过对已有的知识、技能等的迁移、整合，才能形成职业能力。

（一）迁移

学习迁移也称训练迁移，是指一种学习对另一种学习的影响，或已经获得的知识经验对完成其他活动的影响。迁移不仅发生在知识和技能的学习中，还体现在态度与行为规范的形成中；不仅表现为先前学习对后继学习的影响，还表现为后继学习对先前学习的影响，这种影响可以是积极的，也可以是消极的。

人只要学习就会产生学习迁移。由于学习既包括了知识、技能、能力的学习，又包括情感、态度、行为方式的学习，因此，迁移广泛存在于各种知识、技能、行为规范与态度的学习中。例如，一个掌握数学中因式分解技巧的学生，解任何因式分解题都显得游刃有余；学生学习了数学的基础知识，有助于对物理和化学中的一些数量关系和方程式的理解。这些都属于在认知方面发生的迁移。棒球选手打高尔夫球也会打出高水平；学会拉二胡的人，学拉小提琴就比较容易。这些主要是技能学习领域的迁移。态度与行为规范方面的迁移在日常生活中也是普遍存在的。例如，在家爱做家务的人，在工作上也比较勤快；一位不喜欢学习英语的学生，在多次得到英语老师的关心和帮助之后，对学习英语的态度会发生改变等。这些都属于态度与行为规范领域的迁移现象。迁移表明了经验间的相互影响。通过迁移，各种经验得以沟通，经验结构得以整合，便于综合能力的形成。

1．迁移的分类

迁移普遍存在，表现形式也多种多样，不同的迁移类型有不同的实现过程和条件，因此，对迁移进行合理划分，有助于寻找产生迁移的最佳途径。根据不同的标准迁移可以划分为以下几种类型（表 3-1）。

表 3–1　迁移的类型

分类标准	类型	内涵	例子
迁移的影响效果	正迁移	一种学习对另一种学习起到积极的促进作用，表现为一种学习使另一种学习具有了良好的心理准备状态，活动所需的时间或练习次数减少，学习效率提高	小学数学的学习保证了中学代数的学习；数学知识的学习保证了物理中有关计算问题的解决；阅读技能的掌握有助于写作技能的形成；学习素描会对以后学习油画产生积极影响等
	负迁移	一种学习对另一种学习起干扰或抑制作用，通常表现为一种学习使另一种学习所需的学习时间或所需的练习次数增加，或阻碍另一种学习的顺利进行以及知识的正确掌握	学会汉语拼音对学习英文国际音标的干扰现象；在数学负数运算时错误使用正数的规则；学会骑三轮车会对学习骑自行车产生消极影响等

续 表

分类标准	类型	内涵	例子
迁移的概括水平	水平迁移	处于同一抽象和概括水平的经验之间的相互影响	婴儿学会称呼邻居家的男性为叔叔后，他可能会对所遇到的任何陌生男性均称呼为“叔叔”；阅读报纸时能看懂在课堂上学过的新词汇
	垂直迁移	处于不同概括水平的经验之间的相互影响，包括自下而上和自上而下两种迁移	自下而上，老虎、狮子、牛、羊等动物本质特征的掌握有助于理解和概括“哺乳动物”的特征；自上而下，理解了“三角形”的意义有助于理解“等腰三角形、等边三角形、直角三角形”的概念；掌握了乘法法则，可以更好地理解和进行加法运算
迁移的内容	一般迁移	将习得的一般原理、方法、策略等迁移到另一种学习中	对一种外语的语法结构、构词规则及学习方法的掌握，将有助于掌握另一种属于同一语系的外语
	具体迁移	把习得的具体、特殊经验直接迁移到另一种学习中	英语学习中，当学完单词“篮子”后，再学习“篮球”时，即可以产生特殊迁移
迁移的影响方向	顺向迁移	先前学习对后继学习产生影响	学会骑自行车，更容易学会骑摩托车
	逆向迁移	后继学习对先前学习产生影响	学生掌握外语语法之后，有可能反过来对掌握母语语法起干扰或抑制作用

除了以上几种主要的迁移分类外，还可以依据迁移的内在心理机制，把迁移分为同化性迁移、顺应性迁移与重组性迁移；根据发生迁移的学习领域，将迁移分为认知的、运动技能的和情感态度的迁移；根据迁移的范围将迁移分为近迁移与远迁移。不论何种迁移都有积极和消极之分，即正迁移与负迁移。

2．迁移的作用

迁移是一种重要的学习能力。是否发生迁移、迁移的效果如何，会直接影响到学习效率和效果。如果个体在某一学科中习得的知识、技能或态度，能够运用于其他的学科或工作、生活情境之中，那么这些已经获得的知识、技能就能举一反三地创造出新的经验或成果，可以加快学习进程。

迁移对提高解决问题的能力具有促进作用，是能力形成的重要环节。能力是通过对所掌握的知识加以概括，然后广泛地迁移，并进一步概括化、系统化而形成的。迁移是由知识的掌握过渡到能力形成的重要环节。在学校中大部分的问题解决是通过迁移来实现的，迁移是学生进行问题解决的一种具体体现。学生将校内所学的知识技能用于解决校外的现实问题同样也依赖于迁移。从某种意义上来说，能否形成多种学习间的积极迁移，决定着学生在校学习的效率。只有通过积极迁移，学生才能使已有知识、技能得到进一步检验、充实与熟练；只有通过积极迁移，学生才能在已有知识、技能概括的基础上形成能力。因而职业教育必须从迁移能力的培养入手，以培养和提高学生解决问题的能力。

（二）整合

整合是经验的一体化现象，即通过分析、抽象、综合和概括等认知活动，使新旧经验相互作用，知识、技能和态度通过迁移最终将走向整合，从而形成在结构上一体化、系统化，在功能上能稳定调节活动的一个完整的心理系统。整合可以通过同化、顺应与重组这三种方式实现。

1．同化

同化是指不改变原有的认知结构，直接将原有的经验应用到本质特征相同的一类事物中，以提示新事物的意义与作用，或是将新事物纳入原有经验结构中。

2．顺应

顺应是指将原有经验应用到新的情境中时所发生的一种适应性变化，即当已有经验结构不能将新事物纳入其结构时，需调整已有的经验或对新旧经验加以概括，以形成可以包含新旧经验的更高一级的经验结构，以适应外界的变化。

3．重组

重组指重新组合原有经验系统中某些构成要素或成分，调整各成分间的关系或建立新的联系，从而应用于新情境。在这个过程中，基本的经验成分不变，只是调整或重组了各成分之间的结合关系。

同化和顺应这两种整合方式能够促进新旧经验的概括化，重组可以促进经验的系统化，不断迁移使得经验得到整合，经验系统逐步概括化、系统化，并最终形成能力。整合与能力的关系如图 3-4 所示。

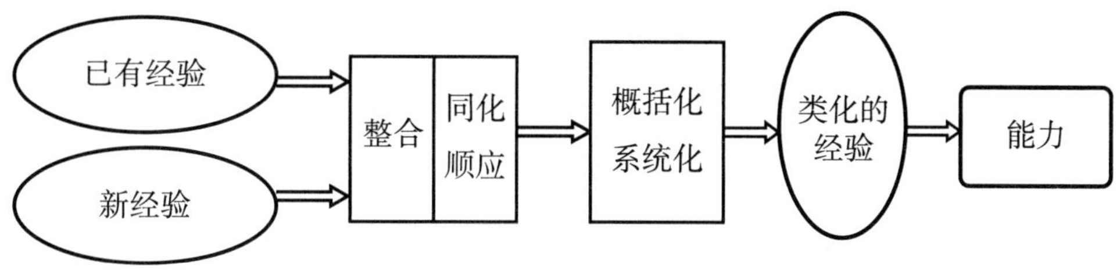

图3–4　整合与能力的关系

三、教师职业能力模式

教师职业能力是指教师顺利完成教学活动所必需的特殊能力，是教师通过教学实践将个人能力和教学所需的知识、技能相结合而转化成的一种职业素质。教师作为一种职业，其职业能力必然也包括专业能力、社会能力、发展能力，也遵循知识、技能、品性和能力形成的基本规律。由于其职业活动对象及工作性质不同，其职业能力构成与其他职业相比又具有一定的特殊性，这种特殊性主要表现在教师的专业能力上，因此在构建教师职业能力形成的一体化模式时，本书将重点从影响教师专业能力的知识、技能出发进行论述。

（一）教师的知识结构研究

教师领域的知识非常复杂，国外对其构成的分析主要有以下代表性流派，如下表（表3-2）。

表 3–2　对教师知识的分类

研究者	教师知识的分类
埃尔伯茨	1. 学科知识；2. 课程知识（学习经验、课程内容构建）；3. 教学知识（课堂管理、教学常规、对学生的了解）；4. 教学环境知识（学校及周围社区）；5. 自身的知识（自知）
舒尔曼	1. 学科内容知识；2. 一般性教学知识；3. 课堂知识；4. 学科教学法知识；5. 学生及其特征的知识；6. 教育环境的知识；7. 关于教育目标、目的、价值以及教育哲学与历史渊源的知识
吉尔伯特等	1. 关于学校的知识；2. 关于学生的知识；3. 教学知识（含课程发展、教学方法技术、测量、学习风格等）；4. 决策（实际应用）知识，如人际关系、教育管理、评价等
雷诺兹	1. 任教学科的知识；2. 教学理念的知识；3. 有关学生的知识；4. 有关教室组织与管理的知识；5. 有关教学的社会文化背景知识；6. 有关特殊儿童的知识；7. 有关课程的知识；8. 有关评价的知识；9. 学科知识的表达技术；10. 有关阅读和写作的教学知识；11. 有关教学方面的知识；12. 人际关系知识；13. 法律知识；14. 教学伦理知识
科克伦	1. 关于学科的知识；2. 关于教学的知识；3. 关于学生的知识；4. 关于背景的知识
格罗斯曼	1. 内容知识；2. 学习者与学习的知识；3. 一般性教学法知识；4. 课程知识；5. 相关背景知识、自身的知识
博科	1. 学科知识；2. 机智性知识；3. 个人实践知识；4. 个案知识；5. 理论知识；6. 隐喻和映像
考尔德黑德	1. 教学的课程知识（包括技术在内的教学材料和资源的知识）；2. 教学的内容（关于表达教学概念和过程的知识）；3. 教学的方法知识（关于教学策略和课堂组织模式的知识）

舒尔曼所建构的教师专业知识的分析框架是比较具有影响力的（表3-3）。

表 3–3　舒尔曼对教师知识组成的分析

类型	涵盖范围
1. 学科内容知识	所任学科内容的专门知识
2. 一般性教学知识	班级组织和管理的主要原则和策略，如激发学生学习动机的知识
3. 课堂知识	对整个教学计划全面及整体的理解
4. 学科教学法知识	融合了学科和教学法的知识，是教师如何专门针对具体教学内容施教的知识
5. 学生及其特性的知识	了解学生兴趣、需求及优缺点的知识
6. 教育环境的知识	学习环境的知识，包括教室、学校、社区、家庭
7. 其他	教育目标、目的、价值以及教育哲学与历史渊源的知识

格罗斯曼认为教学工作与其他职业最主要的差异在于教师知识的特殊性，格罗斯曼认为教师知识构成如下表（表3-4）。

表 3–4　格罗斯曼的教师知识结构

类型	涵盖范围
1．内容知识	学科知识及学科教学知识
2．学习者与学习的知识	学习理论的知识、学生的身心特征和认知发展的知识、动机理论及运用的知识、学生的背景（如性别、家庭环境等差异）的知识
3．一般性教学法知识	班级组织及管理的知识以及普通的教学方法
4．课程知识	课程发展过程中的知识以及学校各课程间横向、跨年级课程纵向的知识
5．相关背景知识	围绕教师工作的各种背景，例如，学生的家庭背景、学校、所在地区与省市乃至整个国家的背景知识
6．自身的知识	教师个人的价值观、意向、优缺点、教育哲学观点，对学生的期望以及教学目的等知识

克兰丁宁等人组成的研究组对教师知识的分类进行了长期的研究，他们认为教师知识分类的研究大体可分为以下四种类型（表 3-5）。

表 3–5　克兰丁宁对教师知识类型的划分

类型	涵盖范围
1．教师所知道的理论有哪些？	如哲学、社会学、心理学、教育学等
2．教师在实践知识方面知道的有哪些？	如教学策略、教学目标、教学组织等
3．教师所持有的知识有哪些类别？	如舒尔曼、格罗斯曼等所做的研究
4．教师所持有的实践知识有哪些？	从教师的访谈及教学观察中找出实践知识

埃尔伯兹是较早对教师的实践知识进行系统研究的学者。她认为教师的学科知识也是通过一定的实践情境塑造的，并且教师知识是动态的、不断发展变化的，这种变化随着课堂实施环境变量的变化而变化。教师知识与实践联系起来的时候就是动态的，而这种动态的教师知识是直觉的、默会的。

国内学者也对教师知识结构进行了探讨。

林崇德、申继亮等学者认为，教师主要具备三方面的知识，即本体性知识、条件性知识和实践性知识。本体性知识也就是学科知识，是教师所具备的特定学科的知识，是教学活动的基础；条件性知识，即教育教学中所运用的教育学与心理学的知识，教学过程是教师将其具有的学科知识转化成学生可以理解的知识的过程；实践性知识，即教师在实际教学过程中所具备的课堂情境知识以及与之相关的知识。

万文涛根据知识所能涉及的领域，提出了教师的知识结构可以划分为一般科学文化知识、学科专业知识和教育专业知识。

单文经对教师知识做了有针对性的研究，把教师知识分为两大类：第一类是一般的教育专业知识，即与教学内容无直接相关的知识，包括一般教学的知识、教育目的知识、学生身心发展的知识和其他相关教育知识；第二类是与教材相关的知识，包括教材内容知识、教材教法知识、课程知识。

简红珠认为一般教学法知识、学科知识、学科教学法知识、情景知识和课程知识是教师知识的重要基石。

另外，相当一部分学者从教师专业发展的角度论述了这一问题。唐玉光提出，教师应掌握以下三个方面的专业知识，包括普通文化知识、任教学科知识、教育学科知识。袁振国等学者提出，一个合格的教师不仅要有学历、学科知识，还要有教育知识、教育能力。钟启泉、胡惠闵等学者认为教师教育的课程应包括四大块：教育理念、教育知识、教育能力和教育实践。

从以上分析可知，学者们关于教师知识结构的认识有共同点，但也存在一定的分歧。尽管他们使用了同一个术语，但这个术语所指代的内涵也是有差异的。例如，几乎所有的研究者都承认，教师知识结构中既包括学科方面的专业知识，又包括教法的知识，但他们对于知识如何划分，即教师知识体系如何架构却有着不同的看法。

笔者认为，对教师知识结构的构建，至少要考虑如下的影响因素：知识生产方式的变化和知识内涵的变化；区域性社会需求结构和文化的变化；经济条件和政策环境的变化；学习方式和教学方式的变化；教育对象的特征和教师角色定位的变化。

笔者本书将以此为依据来寻求教师知识和技能的构成与发展途径，从而构建起幼儿教师教育目标、内容、方式一体化的基本理论框架。

（二）教师职业能力模式建构

教师职业能力是教师在教育教学实践中胜任专业工作的能力，它呈现为知识和技能的整合形态，既包含着又超越了理论知识和具体技能，并且只能在实践中不断积累、完善和成熟。若从知识与能力的一般关系来看，有能必有知，有知未必有能，无能未必无知，无知必无能。二者相互依存，不可分割。笔者研究认为，教师的专业能力同样遵循职业能力形成的通用模型，但其知识、技能、态度有其特殊性（图 3-5）。

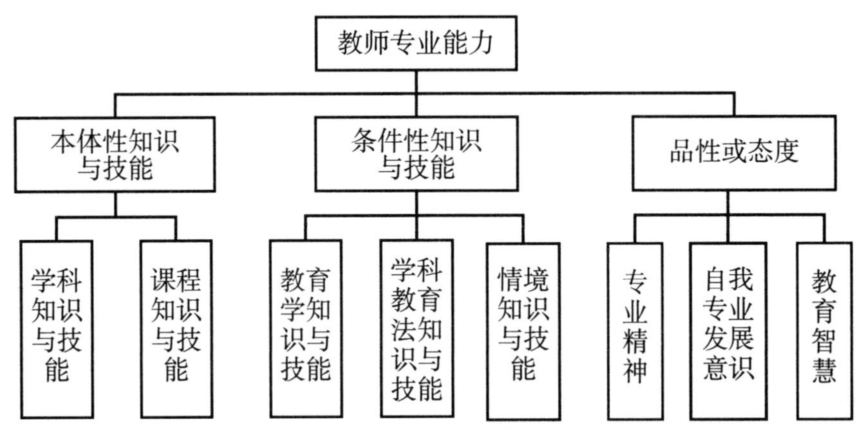

图3–5 教师专业能力模型

教师职业能力是具有特定功能的整体结构，是一个内容和结构的统一体，其内部包含各种要素，这些要素不是简单的累加，而是相互影响和关联的，教师某一方面的素质很难离开其他素质而单独存在和发挥作用。其中，态度是教师从事教育工作的理性支点及根本动力，知识是教师从事教育工作的前提条件，技能是教师从事教育活动的核心要素。

第二节　教师专业能力的模型与结构分析

一、教师的本体性知识与技能

（一）学科知识与技能

教师的本体性知识是指教师所具有的特定的学科知识，如语文、数学、社会、健康、艺术、科学等领域的知识。这是人们所普遍熟知的一种教师知识，是教师知识的“主干”部分，是教师胜任教学工作的前提性知识。掌握“本体性知识”，能使教师准确无误地把本学科的知识传授给学生。

在一般意义上，教师的学科知识应包括四个方面。首先，教师应该对学科的基础知识有广泛而准确的理解，熟练掌握本学科相关的技能、技巧。其次，教师要对与该学科相关的知识，尤其是对相关点、相关性质、逻辑关系有基本的了解。再次，教师需要了解该学科的发展历史和趋势、了解推动其发展的因素、了解该学科对于社会、人类发展的价值以及在人类生活实践中的多种表现形态。最后，教师需要掌握学科所提供的独特的认识世界的视角、界限、层次及思维的工具与方法，熟悉学科内科学家的创造发现过程和成功原因，以及在他们身上展现的科学精神和人格力量，这对于增强学生的精神力量和创造意识具有重要的价值。

教师的学科知识不仅包括一门学科的概念、原理、理论等内容本身，还包括概念与概念之间、原理与原理之间是如何联系起来的知识，即教师掌握的学科知识不仅包括该学科的概念体系，还包括这个概念体系是如何构建起来的，也就是对该学科的事实性的认识。这种认识是生活化的，即隐性的，但是它在教师学科知识中占有非常重要的地位。

教学中过分强调一个学科的概念、原理，会导致一种畸形的教师知识结构，也会导致一种畸形的课程。以概念为核心的体系化的知识，对于人类摆脱愚昧起过很重要的作用，但若一味强调教师的这种知识，必然会让教育失去它该有的魅力。也就是说，一个教师仅下功夫学习概念性学科知识是不够的，还必须掌握如下两方面的技能。

一是将知识归纳为理论的技能。

教师掌握了一定的学科知识，但并不意味着其具有归纳知识并将其上升为理论的能力。为了帮助、促进学生的学习，教师常常需要对学科知识进行整合，归纳出适于学生学习的普遍性和规律性知识等，因此，教师必须掌握将学科知识归纳为理论的技能。

二是用知识解释客观现实的技能。

就儿童而言，儿童的一日生活即学习。作为幼儿教师，为了使抽象的学科知识被儿童理解，应努力引导儿童把个人经验与学科知识联系起来：一是把学科知识“恢复到”直接的、个人的经验知识；二是挖掘儿童的直接经验，在儿童的经验与学科知识之间建立直接的联系。显然，这一过程需要教师具备用学科知识解释现实生活的能力，因此，在教师教育过程中，不能将学科知识的传授与学生的生活割裂开来，应运用学科知识正确有效地解释现实生活，使学生能将知识与生活有机融合。只有这样，学生才能真正理解学科知识，并能用学科知识解释客观现实。

（二）课程知识与技能

课程知识是指关于课程标准以及课程方案的整体框架的知识，包括教师对于课程的理解以及关于课程开发等方面的知识。

古德莱德提出，课程有五种存在形式：理想的课程，即指由一些研究机构、学术团体和课程专家提出的应该开设的课程；正式的课程，即指由教育行政部门规定的课程计划、课程标准和教材；领悟的课程，即指任课教师所领会的课程；运作的课程，即指在课堂上或课外实行的课程；经验的课程，即指学生实际体验到的课程。

从古德莱德的课程层次来看，教师的课程知识属于领悟的课程和运作的课程的结合，一方面是教师头脑中印象的课程，另一方面是教师在课堂中操作的课程。在教学实践中，教师脑海中想象的课程和课堂同他们教的可能有着较大的差异。

国内“课程”一词，更多的指学科的知识体系，是一种以课程标准和教科书为基础的刚性的课程框架。在这个固定的框架里，教师有关课程开发的知识被忽视，专业发展也得不到保障，教师只能成为课程的执行者，发挥作用的只是他们的教学知识，而不是其课程知识。

从学生的角度来看，传统的课程观认为课程是静态的、凝固的、先于教学过程的、外在于学生个人生活的学科知识，这些学科知识凝固成教材、教科书等，且经常是凌驾于学生之上的，学生对于课程主要是充当接受者的角色。这种课程观的弊端就在于将脱离现实生活的、从理论上加以组织和体系化了的、抽象的一般性知识强加给儿童。这种课程观折射出的教育观是学生不是个体知识主动的建构者，而是被动地接受“知识”的容器。

课程不是学习内容的供给系统，不是学生学习领域与学习主题的规划与设计，也不是那些预成的、静态的凝聚物，而是包括教学活动在内的师生共同活动的过程和成果。课程不是外在于学生、更不是凌驾于学生之上的某种预先存在的东西，学生本身也是课程的组织者和参与者。没有学生的学习活动，就不存在完整的课程。课程不仅是学习的内容，还包括学习的过程和学习的结果。因此，与教师的课程知识相对应的课程技能是指教师的课程再构建能力，即重新构筑有助于学生个性解放与自我实现的课程，使课程走向生活化和综合化。这样的课程比认知过程更为广泛，强调学生个性的全面参与，是学生整个人的“卷入”。学生通过与活动对象的相互作用实现自身各方面如认知、情感、态度、技能以及体质与体魄的发展。教师在构建这样的课程的过程中，应该考虑两个问题：一是内容，即学习的领域与主题，例如要向学生展示什么、呈现什么、提供什么；二是如何呈现这些内容，即学生在学习过程中处于一个什么样的境地，应该创设什么样的情境与氛围。前者主要依存于对“什么知识最有价值”的理解，后者则主要建基于对“教学过程”独特性与有效性的理解。只有那些真正为学习者所经历、体验、理解和接受的东西才称得上是课程，也才遵循了知识或技能学习的规律，从而使得知识或技能能够有效地建构。学习者只有在生动获取并建构的过程中，他的个性才得以充分发展。

二、教师的条件性知识与技能

教师的条件性知识主要由帮助教师认识教育对象、开展教育教学活动和教育研究的专门知识构成。条件性技能则是指教师利用教育学和心理学的规律来思考本体性知识，即对本体性知识做出教育学和心理学的解释，例如，如何处理教材、如何激发学生的学习动机、如何组织课堂和实施评价等。具体来说，教师的条件性知识与技能包括教育学知识与技能、学科教学法知识与技能、情境知识与技能。对于幼儿教师来说，则是包括幼儿保育知识与技能、幼儿教育学知识与技能、幼儿心理发展评价知识与技能，以及社会、健康、艺术、科学等领域的教学法的知识与技能等。

（一）教育学知识与技能

教育学知识包括教育科学基础知识，如教育与社会生产力，教育与政治、经济、文化以及与人的身心发展相互作用的规律。教育的本质、目的、任务和内容，全面发展教育的思想和观念，课程理论，教学的实施过程、组织形式、构成环节，教学的原则、模式、方法、手段、艺术、风格，教学的检查与评价等；也包括了国内外教育教学改革信息和动态的知识，如教育教学发展变化的历史沿革、目前状况、发展趋势，教育教学改革的最新成果，特别是课堂教学的革新、学习方法的指导、学习能力的培养等；还包括教育科学研究知识，如教育科学研究的过程、特点和类型，资料的收集整理分析，科研方法的选择运用，成果的表达等。

具备了一定的教育学知识，这并不意味着能顺利实施教育教学。教育的现实情况相当复杂，许多现象和问题对教师提出了挑战，许多教师常常因缺乏相应的教育教学方法和课堂管理策略而手足无措。显然，如何将教育学知识转化为教育技能对教师职业能力的形成显得至关重要。

与教师的教育学知识相对应的技能主要表现在以下五个方面。

一是班级管理能力。教师的班级管理能力，是指在班级特定的教育环境下，教师不依据特定教材，而按照社会现在和未来的需要以及学校对培养人才的要求，通过班级活动的方式教育培养新一代的能力。班级管理能力主要是教师强化班级凝聚力，指导、带领班集体实现教育目标的关键能力，主要体现在班级的组建与运行、班级教学管理、班级组织建设、班级文化建设、班级活动建设、班级生活建设和学生发展性评价等多个方面。

二是一般教学设计能力。就教学方法而言，无论具体科目是什么，必定存在着一些共同的方法，它是超越学科界限的，这种超越的、带有共同特征的教学法就是一般教学法。

一般教学法知识是一般教学设计能力的基础。通常来说，一个教师为了完成教学，首先要根据对课程标准、学生实际、教材内容的分析来确定教学目标、教学重点及难点，并依据教学规律及教学原则来选择教学策略、教学媒体和资源。组织教学内容，设计教学程序与方法，编写出具有教师个人风格的教学设计教案。这一能力即教师的一般教学设计能力，是教师教育教学最基本的能力之一。

三是课程开发能力。在教学实践中，教师扮演校本课程和地方课程开发者、教材编制者、教材选择者的角色。因此，教师必须具备对国家必修课程、校本以及地方课程相关资源的收集、分类、开发与应用等能力。

四是教育创新能力。教育创新能力是指教师在教育和教学过程中，表现出来的独创精神和独创能力。教师的劳动是一种创造性的劳动，要使学生在个性方面能够得到充分、自由的发展，成为具有创新意识和创造精神的新型人才。特别是在大力倡导素质教育的今天，创新能力的培养已成为素质教育的核心。大量事实表明，只有创新型的教师，才能培养出具有一定创新意识、创新思维、创新能力以及创新个性的学生。

五是教学反思及教育科研能力。教师应当具备较强的教学反思能力，能够不断总结经验，扬长避短，不断改进教学，并且能够在教学中注重开展科学研究，不断提高研究能力。

（二）学科教学法知识与技能

学科教学法知识指关于教师如何将自己所知道的学科内容以学生易理解的方式加工、转化为学生的知识，是学科知识与一般教学法知识的整合，是针对具体教学内容如何施教的知识。例如，如何组织、呈现特定的学科主题或问题？如何阐明某一特定的学科概念？如何用实例说明或是在理论上解释特定学科的解题步骤和方法？如何更正学生关于学科内容的错误概念？

学科教学法知识具有如下特点。

第一，学科教学法知识的核心是向特定学生有效呈现和传授特定内容的知识，它是教师独有的知识类型，是教学专家与学科专家的最大区别。

第二，学科教学法知识的发展是一个不断建构的过程。学科教学法知识并不是随着学科知识和一般教学知识的获得而自然获得的，在很大程度上是教师个人在自己所任学科和所在班组的特定范围内，不断将诸方面知识综合、创新获得的，是教师独特的个人知识。因为每个人都拥有自己独特的认识和理解世界的方式，因此，学科教学知识也存在差异。

第三，学科教学法知识是通过实践来获得的，而不是通过教师教育或教师培训计划获得的。在我国师范类院校的课程计划中，除了专业课程以外，还包括教育学与心理学课程，但这些课程只能给教师提供非常抽象的理论知识，并不适合在课堂教学中运用，更无法与具体学科相结合；部分学科虽然开设了教学法课程，但由于学科课程与教学法课程是分离的，且由不同的教师来完成教学任务，二者并不能很好地整合起来，可操作性不强。

第四，这种知识具有特定的时空性和情景性。无疑，教师教学是发生在每一个具体的课堂中的，离开了具体的课堂时空，学科教学知识就无法形成。

根据以上分析，笔者认为，学科教学法技能与学科教学法知识具有统一性，是教师在不断实践的过程中逐步发展起来的一种心智技能。具体来说，这种学科教学法技能主要包括以下三点。

一是教师对学科内容进行批判性反思与解释、加工、转化、表达与教授的能力。如怎样定义学科？以谁的理论为依据？在了解学科的过程中，哪些是核心的概念与程序？为什么学生需要学习这门学科？

二是教师准确表征学科内容并有效教授学科内容的能力。如在这门学科中，对学科内容的理解程度是否影响学习效果？采用何种表达方式表征学科内容更有助于学生的理解？如何将学科知识与学生的日常生活联系起来？教师怎样才能有效地利用课程材料来帮助学生学习？

三是根据学生的能力、性别、先前知识和概念来选择、教授学科知识的能力。如在不同的发展阶段，学生对学科内容的理解程度有何不同？对不同年龄的学生教授学科内容是否有不同的目标？教师怎样评估学生在学科领域的学习效果？教师怎样利用这些评估的结果来指导教学？

很明显，以上学科教学法技能更多源自于教师的学科教学实践。一个新手教师，并不可能具备多少学科教学法技能，他所拥有的往往是理论性的一般教学法知识以及较纯粹的学科知识，当这两者还没有通过实践来发生整合的时候，教师教学往往会显得比较吃力。因此，舒尔曼把学科教学法知识作为区分新手教师与专家教师的一个重要标准。反过来，教师掌握的学科教学法技能对教学的顺利完成起着非常重要的作用。

（三）情境知识与技能

情境知识也叫脉络知识，是教师对学习有关的各种情境的了解与认识，包括教室情境、学校规范、家庭状况、社区背景、学生和教师自身的状况、教育政策、文化特质了社会教育环境等。

人总是生活在各种复杂交错的环境中，以某种方式与环境发生着交互作用。教育也同样如此，任何一个教育现象的发生，总是离不开一定的教育情境。没有了情境也就没有了所谓的教育，因为教育从本质上来讲，是一种社会活动，而不是个体的活动。

教育情境不是单一的，而是复杂多样的，小到教室的挂图、光荣榜、公告栏、学生的课桌椅等，大到学校的自然环境、图书馆、实验楼及其他教学设施与设备、社区的情况等，从校内到校外，从物质层面到精神层面，从制度规范到文化。一个教师对这些情境都有一定的了解与认识，而这种了解与认识必然会对课堂教学产生一定的影响。如一个历史老师认识到本社区有纪念馆，那么就可能在教学设计的过程中，把参观纪念馆作为教学的一个组成部分。

当然，情境知识在教学中的应用以及对教学产生的影响远不止于此。如果对情境知识进行分类的话，我们可以将其分为静态的和动态的两大类。静态的，是可以见到的、以物质形式为载体的，如自然环境。而动态的，则是生成性的。静态的情境知识比较容易把握，也很好利用，而动态的情境知识就不一样了。在课堂中，对这种动态情境知识的把握则是相当困难的，即使教师能意识到它的存在。因为教学的本质是一个动态生成的过程，“教学过程中师生的内在关系是教学过程中创造主体之间的交往（对话、合作、沟通）关系，这种关系在教学过程的动态生成中得以展开和实现”。但这并不能否定教师具有的情境知识。情境知识对于一个行动者来说非常重要，对教师来说尤为如此。经验表明，一个优秀的教师，总是可以非常巧妙地利用他周围的情境，他也对各种环境，包括文化习俗等都有着充分的认识。新手教师也具有一定的情境知识，只是他们的情境知识与专家教师无论是在数量上还是在程度上都是有差异的。

与这种情境知识相对应的技能强调课堂教学，具体来说，包括四种能力。

一是教学设计能力，即教学应引导学生走向哪里（教学目标）、采用何种方式引导，其核心是教学目标的设计。教学目标是课堂教学的航标，教师对教学目标的决策和选择，受其对教育价值的认识及对教学意义的理解的影响。教学目标设计是否恰当，陈述是否清晰，将影响教学目标的导向作用和教学效果。反过来说，要想取得良好的教学效果，就必须要设计出科学、合理的教学目标，同时还应包括对教学材料的处理和准备、教学行为的选择、教学组织形式的设计及其教学方案的形成等。教师的教学目的明确，对学生的要求明确，这样才能取得最佳的教学效果。

二是学习者分析能力，即学生从哪里出发（学生的起点知识、能力和态度），学生总会将他们的知识、技能、态度、文化、实践、信仰以及学科知识带到学习过程中，并且以此为基础建构自己的意义。学生目前所知道和相信的知识、学习能力、学习方式、学习态度等都将影响他们对新知识的理解。为了保障教学的有效性，教师必须准确了解每个学习者都知道些什么、关心什么、能做什么、想做什么，必须尊重、理解学生的先前经验。显然，这种能力需建立在一定的心理学知识的基础之上。

三是课堂教学组织和实施能力，即教学过程应如何带领学生从起点到终点、应创造什么样的学习条件或学习环境帮助学生学习（教学方法、技术和媒体的选用），这一能力包括课堂组织与管理、语言表达、讲解与提问、板书板图、演示操作、反馈与回应、进程调控与突发事件处理的能力等。在课堂教学过程中，教师充分调动学生的学习积极性，引导学生学习，建立和谐的教学环境，采取有效的措施和方法，始终保持良好的课堂教学秩序，保证课堂教学的顺利进行。教师组织管理课堂教学的能力，对教育教学工作的成败起决定性的作用，直接关系到教学效率。

四是评价能力，即对自己的教学是否达到目标进行判断的能力（教学结果测量、诊断与评价）。如果没有达到目标，怎样对学生进行补救教学？教师为了保证教学达到预期的教学目标，在教学的全过程中将教学活动本身作为对象，积极主动地对教学活动进行计划、检查、评价、反馈、控制和调节，其实质是对教学过程的自我意识和控制，即反思，其是教师的反省思维或思维的批判性在其教育教学活动中的具体体现。它是教师从事教育教学工作的核心要素，主要可分为三个方面：教师对自己的教学活动进行事先计划和安排；对自己的实际教学活动进行有意识的监控、评价和反馈；对自己的教学活动进行调节、校正和有意识地进行自我控制。具备良好的教学监控能力，教师就可以面对变化的环境，自如地处理和应付教学中的各种问题。

在本体性知识和条件性知识中，评价能力是影响教师教学效果的关键性因素，教师能力结构中的核心能力是评价能力，即评价能力的高低可以决定其教育教学水平的高低。林崇德教授认为："优秀教师 = 教育过程 + 反思，教师的教育工作，多一份反思与监控，就多一份提高，就与优秀教师更接近了一程。"教学水平高的教师，教学评价能力往往也较高，他们拥有丰富的教育、教学、教学方法等方面的知识，善于计划、反思、调节自己的教学过程，灵活地运用、调节策略以达到教学目标。而教学水平低的教师在学科知识方面与高水平教师相比往往无明显差异，但是他们缺乏关于教学和教学策略方面的知识，不善于根据教材、教学目标及学生的特点、班级情况，灵活运用适当的教学方法或补救措施。正因为如此，有些教师的学历虽高，但教学效果并不一定好，而学历低的教师教学效果不一定差。

条件性知识对于教师来说，是自身知识结构的重要组成部分，是创造性地从事教育教学工作的重要依据，是开展教育教学活动的前提。具备这些知识，有利于教师认清各种复杂的教育教学现象，不断增强工作的自觉性；有利于帮助教师对本体性知识进行思考和重组，以使学科知识顺利地转化为学生易于理解和接受的知识，从而更加自如地进行创造性的教育教学活动。一个具有丰富的条件性知识的教师，必定会极大地增强自己在教育教学工作中的创新能力。

三、教师的品性或态度

（一）专业精神

作为专业人员，须要具有与专业相关的"精神"。专业精神影响个人工作努力程度及成效。教师教育专业精神是教师从事教育工作的动力源泉，是教师教育行为活动的动力系统。

在教师职业能力内在结构中，专业精神属于专业情意范畴。教师的专业精神是教师基于自我期许而表现出的坚定信念、热情和不懈追求的活力，涉及教师的职业理想、对教育事业的热爱程度及其工作的积极性等方面的问题。教育专业精神主要体现为敬业精神、人文精神、科学精神，其中敬业精神是核心，人文精神和科学精神是相辅相成的两翼。

敬业精神是一种职业观或职业态度，涉及教师怎样看待自己所从事的职业，对于自己所从事的职业抱什么样的态度。依据职业观的层次，可把教师分为谋生型、良心型和事业型三种类型。谋生型的教师把教师职业仅仅当作谋生的手段，在工作中难以进入教师角色，难以调动个人的工作积极性；良心型的教师在教书育人的过程中能够自觉地遵守职业道 德、承担职业责任，是值得肯定的教师；事业型的教师能充分认知教师工作的艰巨性、复杂性、崇高性、神圣性和未来性。

人文精神的核心是对人的关切。教师工作的对象是人，并且是代表人类前途和命运的、人类群体中最富活力的成员，这些特征决定了教师必须具有人文精神。教师的人文精神首先表现为人道精神，即具有同情心和博爱，其次是人本精神即以人为本的思想。教育上的人本思想也就是一切为了学生的思想。人是教育的起点和归宿，一切教育教学活动都必须以人为中心，来促进儿童的个性全面和谐发展为本，即一切为学生，为一切学生，为学生的一切。当前教师的人本精神主要体现为四个意识，即“童年意识、学生意识、发展意识和生命意识”。

科学精神是科学发展的生命力，教学过程的实质是一种探索真理的活动，需要科学精神。现代教育既是传播真理的活动，又是发现真理的活动。科学精神是科研和教学活动中的指导因素，直接关系着科研和教学活动的质量及成效。教师应该具备科学精神，并在教学活动中坚持和贯彻科学精神。当前教师的科学精神，主要包括客观精神（公正）、理性精神以及探究精神。

教师专业精神有其独特的作用和意义，表现在以下四点。

第一，教师专业精神能确保教师专业价值与功能的充分发挥，可以促使教师弥补在专业技能和专业道德方面的不足。

第二，教师专业精神能促进教师个人的成长与完善。根据实践证明，在教学上有成就的教师，在工作中会始终表现出一股令人振奋的精神力量，而那些成绩平平的教师，则是缺乏精神活力，甚至表现出精神萎靡的状态。

第三，教师专业精神是影响学生的最主要的因素之一。教师在其专业行为过程中表现出的专业精神，能够感动学生并激发学生的智慧。

第四，教师专业精神是树立教师形象、提升自身社会地位的重要手段。教师形象包括精神形象和文化形象。教师要通过努力，树立起一种让人们觉得可尊可敬的形象，把“他尊”与“自尊”结合起来，这样才能真正获得较高的社会地位。因此，教师专业精神是一种朝气、一种活力，而且是一种自尊自信、自重自强的行为表现。

教师的专业精神是教师职业能力系统中能为教师的成长提供动力源泉的因素，是教师专业中的情意特质之一。

（二）自我专业发展意识

教育理念、学科教学法知识、教学评价能力、教育专业精神等专业特质只能保证教师成为一名“静态”的专业人员，要成为“动态”的专业人员，教师自身的专业发展意识至关重要。所以，教师的职业能力还应该包括自我专业发展意识维度。自我专业发展意识是保证教师不断自觉成长、自我专业发展的内在主观动力，是教师从事教育教学工作的根本保障，也是实现终身学习和教育的动力。

教师的自我专业发展意识在教师职业生涯中非常重要，它使得在教师发展过程中实施终身教育的思想成为可能，并且弥补了过去教师教育设计只从教师群体一般需要出发而不考虑教师职业生涯不同发展阶段不同特征的缺陷。只有具有自我专业发展意识的教师，才会有意识地寻找学习机会，才会知道自己到底需要什么、今后朝什么方向发展以及如何发展等，才可能成为一个终身学习者和“自我引导学习者”。

教师的自我专业发展意识主要包括两大维度（表 3-6）。

表 3–6　教师自我专业发展意识分类及内涵

维度	内容	内涵
结构意识	自我的专业意象	对专业产生的自我满足感、自我信赖感
	自我的价值感	个人教学效能感，主要是指教师对自身教学效果的认识、评价及进而产生的对自我价值的认识
	自我的期望	对教育在学生发展中的作用及自身职业生涯和未来发展的期望
时间意识	过去自我专业发展意识	对自己过去专业发展过程的意识
	现在自我专业发展意识	对自己现在专业发展状态、水平所处阶段的意识
	未来自我专业发展意识	对自己未来发展过程的规划意识

教师的自我专业发展意识可增强教师对自己专业发展的责任感，使自己的专业发展保持“自我更新”取向，是教师实现自主专业发展的基础和前提。具有专业发展意识的教师能够将自己过去的发展过程、目前的发展状态和将来可能达到的发展水平结合起来，使自身能够理智反思过去的自己，筹划未来的自我，控制今日行为。在自我专业发展意识的指引下，经过一定时间职业生活的积累，教师逐步形成自我职业发展能力，为个人职业生涯的发展奠定基础，并成为促进专业发展的新因素。

教师自我专业发展意识往往是在其职业能力发展到一定程度或者是一定阶段，遇到一定障碍或阻力后而逐步生成的专业自我意象、自我期望和自我价值，是在专业成熟的过程中生成的一种崭新的专业特质。教师自我专业发展意识是对教师已有专业素质的有益补充，不但使教师专业素质的结构更加完善，而且又调节、监控其他专业素质的进一步发展。正是自我专业发展意识在教师职业生涯中发挥着调节、监控的作用，才使得教师职业生涯构成了一个动态发展的循环，并朝着积极的方向不断发展。

（三）教育智慧

在教育工作中，很多情况需要教师机智地对待，这种教育教学的机智不是一成不变的。在一种情况下适宜的和有必要的方法，在另一种情况下可能就是不恰当的。只有针对学生的特点和当时的情境有分寸地进行工作，才能表现出教育智慧来。

智慧是指人对事物能灵活、迅速、正确地理解和把握的能力。“凝聚智慧”是指一个人运用他所积累的全部知识来对问题做出判断和解决的能力，是人脑中的一种本能，在人们面对一些没有固定答案的复杂问题情境时它能发挥巨大作用，在教育领域中则表现为教育智慧。教育智慧，就是为达到最佳教育教学效果而因人、因事和因地制宜地使用各种知识、观念、技能、条件和手段的才能。知识、技能、设备是保证和提高教育教学效果的必要条件，教育智慧则是其充分条件。教育智慧是教育理念、知识结构、专业精神综合的结果，是教师长期投入教育实践，不断探索、反思、创造所付出的心血的结晶，是教育情感和教育思维相互作用的产物。教育智慧是教育能力和教育艺术的合金，教育能力与教育艺术的和谐统一、相辅相成才构成了教育智慧。而且，教育智慧受一个人经历的影响，这些经历包含着个人的打算与目的以及人生经验。所以这种智慧的表达包含着丰富的细节，并以个体化的语言而存在。

有人将教师的教育智慧分为内容类的智慧和方法类的智慧两种，前者包括深刻、独到和广博等因子，后者则包括启发、机智和绝招等内容。笔者认为，教育智慧在教育、课程与教学实践中具体表现为教师具有敏锐感受、准确判断生成和变动过程中可能出现的新情况和新问题的能力，具有把握教育时机、转化教育矛盾和冲突的机智，具有根据对象实际和面临的情境及时做出决策和选择、调节教育行为的魄力，具有使学生积极投入学习生活、热爱学习和创造，愿意与他人进行心灵对话的魅力。

教师只是拥有知识、技能，就只能传授学生知识、训练学生技能；教师只有拥有智力、能力，才能发展学生智力、培养学生能力；教师只有拥有智慧，才能启迪学生的智慧。据此，可将教师分为三种类型。

一是教书匠，是知识、技能型的教师，就知识论知识，就技能论技能。

二是智能型教师，在传授知识和训练技能过程中发展智力、培养能力。

三是智慧型教师，会在教学过程中经常地、时不时地冒出智慧的火花启迪学生，开启学生悟性，增长学生智慧。

如何才能成为智慧型教师？首先要完整地理解教育教学实践，不能简单地将教育教学理解为一种可操作的、技术性的活动，而应理解为一种为价值观所指导的、并能不断被构建的充满智慧的人类活动。要具有批判意识和精神，形成问题意识，对已有知识和实践进行批判性分析和重构，形成自己的教育智慧。

可以说，教育智慧使教师的工作进入科学与艺术结合的境界，充分展现出了教师个性的独特风格。教育智慧赋予了教师教育教学工作永恒的魅力，也是成熟教师的标志。教师的教育智慧既是思想、知识、能力、情意等特质综合发展的结果，又是诸多特质进一步发展的坚实基础。

第四章　当前学前教育专业培养的现实与挑战

第一节　学前教育事业发展与幼儿教师需求

一、幼儿教师教育的发展演变

（一）幼儿教师角色的演变

1．“蒙养院”时期的教师角色

（1）辅助家庭教育是首要任务

清朝末年，西方的学前教育制度和教育思想被引入中国。19 世纪末 20 世纪初，我国自给自足的自然经济开始瓦解，农民和手工业者纷纷破产，不少妇女离开家庭参加大工业劳动，学前教育从家庭走向社会，促使学前公共教育机构产生，但这个时期教育幼儿的责任仍然主要依赖于家庭，蒙养院的宗旨是辅助家庭教育。一方面，受传统家庭教养模式的影响，公共学前教育机构实行学前教育并不广为人们所接受；另一方面，“保姆学堂既不能骤设，蒙养院所教无多，则蒙养所急者仍赖家庭教育”。此外，入蒙养院学习后，保姆也可受聘于家庭，成为家庭保姆。蒙养院所收的孩子大多是官宦世家的贵族子弟，经过培训的蒙养院保姆中有相当一部分日后会充当起富绅官宦之家的家庭教师或乳母。

（2）重视教导的功能

《湖北幼稚园开办章程》中明确规定：“设园旨趣有三：第一，保全身体之健旺，体育发达基此；第二，培养天赋之美材，智育发达基此；第三，习惯善良之言行，德育发达基此。”该文件说明了其“重养不重学”的独特性，强调保姆保育幼儿的功能，但其办园宗旨又是“以备小学堂之基础”，主要定位于教育，为今后的学业做准备。

《奏定蒙养院章程及家庭教育法章程》特别指出：“外国所谓保育，即系教导之意，非仅长善爱护之谓也。兹故并加‘教导’二字以明之。”在这种观念下，当时的幼教机构保教兼顾，但以教为主。保姆的教法与注入式的小学十分相似。保姆高高地坐在上面，幼儿很端正地坐在下面。保姆教一课，幼儿学一课，全部活动由保姆示范，幼儿不能自行取用各种工具和材料，不准别出心裁。

2. “幼稚园”时期的教师角色

（1）幼儿教师称为教员

随着社会的变化，人们逐渐认识到学前教育的重要性，幼儿教师的重要地位也开始得到世人的承认。正如张宗麟所言，幼稚教师对于儿童所负的责任，比任何学校教师都大，“幼稚教育是一切教育的基础，这步教育可以铸定儿童终身的休咎”。儿童还没有充分获得生活能力，而身体的发展又极快，稍不留心，就会发生不幸的事，教师的责任固然重大。

这一时期，国家对幼稚园教育的重视程度大大提升。1932 年，民国政府先后颁布了《幼稚园课程标准》《幼稚园设置办法》等，同时幼稚园被正式列入学制，各大学里都添设了幼稚教育的课程，各处的幼稚师范兴起。无论是在国家法令法规还是在人们的论著中，幼稚园的从业人员不再以蒙养园时期的“保姆”相称，有的称为“教师”，有的称为“教员”。与此同时，中国的女权运动也小见成果，“幼稚教师只要老妪”的论调已经不复存在，幼稚园从业人员地位的提高由此可见一斑。

（2）强调保育功能

20 世纪 20 年代以后人们逐渐认识到，正是由于家庭状况的不良和家庭教育的落后，幼儿园才更应该主动与之联系，以促进其改善。幼儿教师的首要任务不再仅仅只是辅助家庭教育，他们成为教育的重要力量。

“中华民国”成立后，蒙养院改名为蒙养园，蒙养园的保育项目分为游戏、唱歌、谈话、手技四项。民国初年，官办的蒙养园保姆的服务实质上没有什么变化，仍以“小学式”的教导为主。

进入 20 世纪 20 年代，幼稚园教师的保育功能逐渐得到重视。陈鹤琴号召“幼稚园第一要注意的是儿童的健康”。张宗麟认为，幼稚生没有充分获得生活能力，他们身体的发展又极快，学习能力缺乏基本训练，即自顾的能力缺乏，幼稚教师对于儿童最要紧的责任为养护和指导。养护包括注意儿童卫生、寒暖、饥渴、休息，“当使儿童多动”。同时他提出对儿童的养护也包括健全心理的养护。技能指导包括养成好习惯，获得生活技能、游戏技能、表达思想技能等。

1932 年，陈鹤琴主持制定的《幼稚园课程标准》出台，他的许多思想得到淋漓尽致的体现，从幼稚教育总目标的规定即可清晰地看出教育的成分大幅减少。儿童身心健康、应有的快乐和幸福得到重视，培养人生基本的优良习惯（包括身体、行为等方面的习惯）等成为教育内容。

抗日战争全面爆发后，国统区和革命根据地不约而同地提出了保教并重、保教合一式的口号，但同样面临着实施的困难。1938 年，国民政府规定幼稚教育应“保育与教导并重，增进幼儿身心的健康，使其健全发育，并培养人生基本的良好习惯，以为养正之始基”。但是，“保教并重”或者“保教合一”要想在实践层面真正开展，仍面临诸多困难，这些困难不仅指物质条件艰苦，主要还是理念、体制的限制。同时国民政府还着重指出幼稚园保育的独特功能，体现为“幼稚园对于儿童应顺应其个性，依照其身心发展之程序，施以适当之保育，不得授以读书写字等类于小学功课之事项，或使为过度之工作”“幼稚园之保育，应注重养成良好习惯，不得施行体罚及足使儿童感觉痛苦之苛罚”。

3．“幼儿园”时期的教师角色

（1）开始注重保育与教育相结合

中华人民共和国成立初期，由于当时的时代背景，“减轻家长在教育孩子方面的负担，使他们能够安心生产、工作和学习”是幼儿园主要的工作任务之一，解决家长后顾之忧的福利功能是幼儿园教师职业重要的功能，国家也对教养员的工作给予了认可。作为幼儿园保育教育工作主要承担者的幼儿园教师对国家、对幼儿发展的重要性得到越来越多的社会认可。

1951 年 6 月，教育部幼儿教育处处长张逸园在《人民教育》发表的《对幼稚教育工作的几点意见》，提出“新的幼稚园教学原则”是“培养学龄前儿童在生理上、意识上、行动上得到正确的成长、发展和变化，使他们的身体、智力、道德习惯及爱美观点等得到全面的发展”。1952 年《幼儿园暂行规程（草案）》又进一步规定，“幼儿园对幼儿进行初步的全面发展的教养工作”，并将“培养幼儿基本的卫生习惯、注意其营养、锻炼其体格、保证幼儿身体的正常发育和健康”作为教养工作的首要目标。据此可知，幼儿园中教养员的基本任务是教养儿童，以保护幼儿为主。

（2）重教轻保的现象仍然严重

1952 年《幼儿园暂行规程（草案）》规定，教养幼儿的宗旨是“为小学打基础和解决母亲的后顾之忧”，较多地关注未来生活和站在成人的立场，忽视了幼儿的个体意义和学前教育的独立价值，为重教轻保埋下了伏笔。

针对学前教育中重教轻保、保教分家的现象，教育行政部门曾三番五次予以矫正。例如，1951 年《幼儿园暂行教学纲要（草案）》明确提出了幼儿园与学校教育的不同，指出“幼儿园是使幼儿顺利地全面发展的‘社会环境’。幼儿在集体生活中（如共同的游戏和作业）思想会更加灵活，可以养成注意或关心其他幼儿的习惯。所以幼儿教育的实施，包括整个幼儿生活的保育、教养，并非狭义的只是某些作业的教学。它和学校教育的性质完全不同”。然而，幼儿园重视教育、轻视保育的现象并未有所减少，反倒有增长之势。中华人民共和国成立之初，曾经明确规定“幼儿园不进行识字教育”，而到 1960 年则要求“凡是有条件的幼儿园，应该尽可能地进行汉语拼音、识字、算术等教学，条件不足的应积极创造条件”“这就可以使小学教学缩短年限”。“文革”结束之后，压抑已久的现代化建设热情空前迸发，“多出人才、快出人才”的口号响彻全国，“天才教育”“少年班”流行一时，国际上兴起的早期智力开发浪潮也席卷而来、推波助澜，重教轻保现象愈演愈烈。

如今，幼儿园教师在实践层面要落实“保育和教育相结合”的原则并不容易。社会各主体持有不同的学前教育价值取向。教育学家提倡儿童中心的价值观，关注儿童发展，研究儿童，关注教师发展、完善过程环节并揭示出了其价值，他们对学前教育质量的认识较抽象。发展心理学家认为儿童发展包括认知、情绪等发展，关注师幼互动方式、课程、环境和教学材料，他们对质量的界定基于儿童发展情况的测量。经济学家认同心理学家的观点，但是他们不仅关注学前教育理念，还关注学前教育的成本、价格、供需总量平衡和成本收益。而政府持有务实的价值观，认同经济学家的观点，认为应提供可操作、以便于测量和观察、确保底线、财力可以支撑的平衡各方利益的学前教育。而从很多家长的角度来说，社会竞争的加剧要求孩子接受良好的早期教育，幼儿园对于为孩子上小学做准备应给予更多的关心，如要让孩子学习更多的汉字和实际知识。为了招揽生源、扩充经费、维持生存，有些幼儿园明知一些做法、行为违背学前教育规律，是脱离正确的儿童观、教育观的，但为了迎合家长口味，开设了各类幼儿英语、美术、舞蹈等所谓的特色教育项目，甚至模拟小学教学。另外，在幼儿园工作实际中，相当一部分幼儿园教师无论是在认识上还是在实际工作中，都往往忽视保育工作，而明显地倾向于教育方面。一些幼儿教师认为保育就是对幼儿身体上的照顾和保护，认为保育之事与己无关。还有一种情况是，一些幼儿教师尽管认识到幼儿园兼具保育和教育的双重性质，但是在实际工作中还是忽视保育而倾向于教育方面。

4. 幼儿教师的角色定位综述

多年来，我国幼儿教师的角色变迁是社会对学前教育服务需求、幼儿教师技能掌握和运用的变化的反映。我国幼儿教师的角色经历了“保姆”“保育员”到“保教结合的教师”再到“专业幼儿教师”的变化,实质上也反映了保育员职业角色和幼儿教师职业角色的分离。

在传统社会中，人们常常将幼儿教师等同于保姆，他们充当“训育者”“看护者”“玩伴”的角色，负责看护幼儿，保护他们不受伤害；在道德方面，教育幼儿一些做人的道理，不会涉及或者很少涉及知识的学习和智力开发。之后，伴随着社会的发展、学前教育研究的逐渐深入，学前教育工作者不仅研究幼儿身体发展规律，还研究幼儿的心理等各方面的发展。他们认为儿童的身心发展是协调一致的，不能牵制任何一个方面的发展，幼儿需要接受各方面的教育。但这仅仅只是专家、学者的观点，并没有被所有的人接受。随着社会竞争的加剧，家长对学前教育重要性的认识逐渐提高，很多家长对幼儿赋予厚望，希望通过良好的学前教育使孩子在今后的发展中处于优势。而幼儿园又因为面临着生存压力，一味迎合家长需求,以抢夺更多的生源,幼儿教师在很大程度上就充当起“教书匠”“经师”“社会文化的传承者”的角色。儿童成为受教育者，儿童接收到各方面的知识，但很多都是来自官方提供的课本，而不是直接经验，语文、算术等小学课程占了很大比例，学前教育“小学化”的现象严重。这些都体现了在一定的历史条件下我国学前教育的局限性，折射出人们的学前教育思想不成熟。

近年来随着人们对学前教育的认识加深，儿童观、教育观有了变化，渐渐认识到学前教育是以幼儿的发展为本，学前教育不应定位于知识的灌输、技能的训练，而应重视培养儿童的好奇心、探究精神，重视提高儿童学习的乐趣和兴趣，注重提高儿童学习的能力，注重儿童可持续发展品质的培养。因而社会对幼儿教师的角色定位也有了改变，教师逐渐被看作“能师”，不仅要传授一定的知识，还要发展幼儿的能力，启迪幼儿智慧，还要成为幼儿的倾听者、观察者、支持者、引导者、合作者。

学前教育的快速发展还要求教师成为终身学习者，教师必须要主动适应社会发展的要求，不断地学习，不断反思自身的教育实践，努力突破普遍存在的教师之间彼此孤立与封闭、理论与实践脱节的现状，积极合作与协商，提升专业化水平，实现可持续发展。

（二）幼儿教师供给模式沿革

我国的幼儿师范教育，虽然并不发达，但自 1903 年湖北幼稚园附设保姆讲习所以来，我国幼儿师范教育已走过百年历程。百余年来，我国幼儿教师教育体系经历了萌芽、起步、形成和发展四个阶段。

1．萌芽期——引进外国教习和教会幼稚师范主导时期（清末至 20 世纪 20 年代初）

我国最早的幼儿师资培训机构是由清末在华的外国教会设立的，这些机构中的教师大多由传教士担任，课程设置也极具宗教色彩，毕业生服务于教会办的幼儿园和其他幼教机构。外国教会在我国培养幼儿师资，在一定程度上促进了我国学前教育的发展。

（1）引进外国教习，开办第一批民族幼教机构

湖北巡抚端方于 1903 年 9 月在武昌创办了湖北幼稚园，幼稚园内附设女子学堂，培养幼稚园“保姆”，招收 15 ～ 35 岁女子专门学习保育学科，聘请日本的户野美知惠等三名女教师任教，讲授有关保育、教育的知识。这是我国最早设立的幼儿园教养员培训机构，也是我国幼儿教师教育的萌芽。在清末“兴学”热潮中，中国的有识之士还创办了另外几所知名幼儿教师教育机构。表 4-1 介绍了在 1903—1907 年间国人自办的几个幼儿教师教育机构。

表 4-1　1903—1907 年国人自办的幼儿教师教育机构

幼儿教师教育机构	简介
武昌蒙养院附设女子学堂	1903年，在湖北巡抚端方、日本教习户野美知惠的主持下开办，招收15～35岁的女子专门学习幼儿师范课程
官立敬节学堂	张之洞1904年在武汉，“挑选粗通文理之节妇一百名，作为傅姆科正额”，以刘德馨为监督，聘日本女教习，“以备将来绅富之家雇佣乳媪之选”
严氏保姆讲习所	这是清末天津第一所培养蒙养师资的学校。1905年严修建于自己家中，聘日本人大野铃子教授保育法、音乐、弹琴、体操、游戏、手工等，以弹琴为主。英文、算术、生理、化学等课，由张伯苓等教授。学生依文化程度分为两组。附设蒙养院一所，从严氏亲友及邻居的儿女子孙中招30人。1908年因大野铃子回国而停办。先后培养学生20余人，分别任教于京津两地蒙养院及小学，为中国北方第一批幼教工作者

除了专门的幼师学堂外，在国人自办的一些其他女子学堂或女子师范中也有附设保姆、蒙养等科以培训保姆。如上海务本女塾在 1903 年设立了修业年限为两年的师范科，培养女子学堂和幼稚园的教员。1905 年中国教育会在第五届会议的报告中也提出，计划在中国五大城市即北京、广州或厦门、重庆、汉口、上海各设幼儿师范学堂一所。

1907 年 3 月，清政府颁布了《奏定女子小学堂章程》和《奏定女子师范学堂章程》。

《奏定女子师范学堂章程》规定“教授女师范生，须副女子小学堂教科、蒙养院保育科之旨趣，使适合将来充当教习、保姆之用”，明确要求有专门的机构培训幼教师资，标志着我国幼儿教育师资的培养在师范教育制度中有了一席之地。

强调女德，是中国沿袭已久的封建伦理观念，“贤妻良母”，也一直是先前在女子教育群体中倡导和实践的主流观点。《奏定女子师范学堂章程》承袭和接纳了这样的观点，要求幼儿师范教育崇尚女德，要教学生为妇、为母之道，要勉励她们学习贞静、顺良、慈淑和端俭等美德。因此，在课程设置中，首重修身。其规定的主要课程见表 4-2。

表 4-2 《奏定女子师范学堂章程》规定的课程

具体课程	特点
《烈女传》《女诫》《女训》《女孝经》《家范》《内训》《闺范》《温氏母训》《教女遗规》《女学》《妇学》等被列为必修之课	（一）首重修身，“涵养女子特性”
家事、裁缝、手艺等科，占课时的1/3	（二）要求掌握家庭生活技能
普通文化课，如国文、历史、地理、算学、格致、图画、音乐、体操。师范专业训练，如教育原理、心理学大要等	（三）使女师范生接触到先进的知识，体现教育内容的现代化

（2）西方教会幼稚师范的主导地位

事实上，大约在 19 世纪 80 年代，西方教会便开始在中国沿海地区开办幼教机构和幼教师资培训机构。而在中华民国成立初期，政局动荡，政府无暇顾及学前教育，使得西方教会幼教事业飞速发展，出现了一批独立的幼师学校（表 4-3）。教会创办的幼教师资培训机构为教会幼稚园培养师资，也可供中国官立、私立幼稚园使用，当时中国幼教机构的教师几乎都出自其门下。

表 4-3 清末至 20 世纪 20 年代初西方教会在中国开办的幼教师资培训机构

时期	幼教师资培训机构
民国前	1892年，美国监理会传教士海淑德在上海创办了幼师训练班； 1898年，美国卫理公会传教士金振声在苏州慕家花园创设英华女塾，兼办幼教师资培训班； 1898年创立厦门怀人女中； 1902年创办苏州景海女塾； 1905年创办北京协和女书院等
民国后	1912年，厦门创立怀德幼稚师范学校——第一所独立的幼师学校； 1916年，杭州弘道女学增设幼稚师范科； 燕京、金陵、复旦、华西沪江、岭南等教会大学开始培养幼教师资

教会办的幼儿师范学校培养幼教师资的目的同当时他们在中国创办的其他教育机构一样，并且其控制和影响极为深远、持久。例如，在景海幼稚师范学校所开设的课程中，宗教学、社会问题以及圣道教法等，共有 60 个学分，占总学分的 1/3，宗教学甚至连开 3 年，有 12 学分，而教育科目的比例则很小。

由于教会所办的幼稚师范学校不符合中国实际的要求，一般的师范学校附设的幼稚教育班或幼稚教育科也多由归国留学生或外国人担任教员，因此，我国有识之士迫切感到中国亟须培养富于国家观念的幼稚园教师，亟须设立完美的、富于试验精神的幼稚师范学校，以培养符合中国幼稚园需要的师资。

2．起步期——中国化幼儿师范教育的开拓时期（20 世纪 20 年代至 40 年代）

“五四”运动以后，我国幼儿教师教育正式起步，开始了中国幼稚师范教育的探索历程。在这个阶段，“南陈北张”（“陈”指陈鹤琴，“张”指张雪门）所开办的江西省立实验幼稚师范学校和北平幼稚师范学校做出了突出贡献。我国的其他知名幼教学家也创办了许多所富有特色的幼师培养机构（表 4-4）。陶行知对这一时期幼稚师范的举办和研究具有很大影响。在这一阶段，我国逐步形成了一系列符合中国实际的有特色的幼儿师范教育理论。

表 4–4　20 世纪 20 年代末至 40 年代著名教育家创办的知名幼儿师范机构

创办者	师范机构	特点
熊希龄	1930年创办北平幼稚师范学校，设于北京香山慈幼院，张雪门主持校务	学生每日上午在课堂听课，下午义务训练贫穷的儿童。该校还附设五所幼稚园，供学生实习之用。张雪门为幼稚师范学校编写了一批教材，如《幼稚园教育概论》《新幼稚教育》《幼稚园的课程》《幼稚园组织法》等，在当时很有影响
陈鹤琴	1940年成立江西省立实验幼稚师范学校（中国第一所公立的独立幼稚师范学校）	依据“活教育”理论原则，在幼师课程、教材等方面进行了中国化实验探索
陶行知	1927年成立晓庄试验乡村师范学校	与社会上一般的正规幼稚师范学校不同，它采取了“艺友制”的办法来培养幼稚园老师，这种用“艺友制”培训幼稚园师资的方法在当时风行一时，成效颇大，培养了一批乡村幼儿教师

3．形成期——幼儿师范教育体系的形成时期（中华人民共和国成立至改革开放前）

中华人民共和国成立后，幼儿教师教育的发展进入新的历史时期，政府加强了对教育的控制和投入，重视师资的培养和培训，幼儿师范教育取得了长足的进步，初步形成了幼儿教师教育体系。对于这一时期幼儿教师教育的发展有较大影响的政策、法规及具体发展情况见表 4-5。

表 4–5　中华人民共和国成立初期幼儿教师教育法规、政策

主要政策、法规	主要作用及意义
1951年《关于改革学制的决定》	是新中国学制发展到了一个新阶段的标志，该学制体现了教育为生产建设服务的原则
1952年《幼儿园暂行规程草案》	规定幼儿园教师称教员，提高了幼教师资的地位
1956年《关于大力培养小学教员和幼儿园教养员的指示》	使举办短期培训班成为幼儿教师职前教育的重要形式。我国基本形成既包含中等和高等两个层次的职前教育，又包括大量不同形式的职后教育

4．发展期——幼儿师范教育的快速发展期

党的十一届三中全会的召开使幼儿师范教育出现了新的转机。国家颁布的一系列政策、文件极大地促进了幼儿师范教育的发展（表 4-6）。这一时期，还出现了职业高中办幼师班的方式，拓宽了培养幼教师资的渠道，其培养的师资成为不断增长的民办幼儿园师资的主要来源。高师的学前教育专业也在不断发展，1987 年全国已有 22 所高师院校开设学前教育专业。

表 4–6　改革开放后幼儿教师教育主要政策

主要政策、法规	主要内容或意义
1978年《关于加强和发展师范教育的意见》	指出“要积极办好幼儿师范学校”，幼儿教师教育进入迅速发展阶段
1981年《幼儿园教育纲要（试行草案）》	将“教员”改称“教师”，体现了幼儿教育观念的演变，即强化了幼儿园教师的教育职责，弱化了教师的保育职责
1983年《关于发展农村幼儿教育的几点意见》	建设一支稳定、合格的幼儿教师队伍
1988年《关于加强幼儿教育工作意见的通知》	发展幼儿教育事业要从培养和提高师资入手，必须积极发展幼儿师范教育，同时抓紧在职教师的培训工作，以保障幼儿教育事业发展对师资的要求
1986年《中等师范学校规程（试行草案）》，1995年《三年制中等幼儿师范学校教学方案（试行）》	对幼儿师范的管理和教学规范提出新的规范和要求
1996年《幼儿园工作规程》	切实加强幼儿教师队伍的建设，建设一支素质优良、相对稳定的幼儿教师队伍是幼儿教育事业的关键
2001年《国务院关于基础教育改革与发展的决定》	完善以现有师范院校为主体、其他高等学校共同参与、培养培训相衔接的开放的教师教育体系
2006年《国家教育事业发展“十一五”规划纲要》	以加强教师队伍建设为关键，加强和改进教师教育，强化教师培训，提高师资特别是农村师资水平
2010年《国家中长期教育改革和发展规划纲要（2010—2020年）》	严格制定幼儿教师资格标准，切实加强幼儿教师培养培训，提高幼儿教师队伍整体素质
2011年《国务院关于当前发展学前教育的若干意见》	完善学前教育师资培养与培训体系，办好中等幼儿师范学校及高等师范院校学前教育专业，建设一批幼儿师范专科学校，加大面向农村幼儿教师的培养力度，扩大免费师范生学前教育专业招生规模
2012年《3～6岁儿童学习与发展指南》	帮助广大幼儿园教师和家长了解幼儿学习与发展的基本规律和特点，全面提高科学保教水平
2015年《幼儿园工作规程》	为加强幼儿园的科学管理，规范办园行为，提高保育和教育质量，促进幼儿身心健康，依据《中华人民共和国教育法》等法律法规制定

经过了十几年的发展，到 20 世纪 90 年代初，独立幼师学校的毕业生已成为幼儿园教师队伍的主要来源。与此同时，为了提高幼儿教师的素质，教育部三次调整三年制幼儿师范学校的教学计划。20 世纪 90 年代至今，高等幼儿教师教育获得较快发展，还涌现出一批三年制或五年制的幼儿师范专科学校，目前我国已有 20 所独立设置的幼儿教师教育专门高校。同时，一些综合性大学也设置了学前教育专业，拥有学士、硕士、博士学位授予权，学前教育专业呈现出多样化的培养目标和课程设置。目前国内开设学前教育本科阶段教育的高校已经有 140 多所。20 世纪 80 年代初，高师学前教育专业的研究生教育也开始逐步发展起来，现在我国学前教育专业已有 32 个硕士学位授予点。1994 年，经国务院学位委员会批准，我国第一个学前教育学博士学位授予点在南京师范大学成立，目前我国已经有 9 个学前教育博士学位授予点。2001 年，我国第一位进博士后流动站研究学前教育的学者出站。我国培养学前教育专业人才进入了一个高峰阶段。

随着我国学前教育事业的发展和改革的深入，各类高校的学前教育专业纷纷扩招，加大了幼儿教师的培养力度。以内蒙古为例，到 2012 年，内蒙古已经有 65 所全日制学校设有学前教育专业，提供中等、专科、本科、研究生四个层次的教育，2012 年计划招生总数达 13720 人。伴随着我国教育部《“国培计划”课程标准（试行）》的出台，我国在全国范围内全面实施幼儿教师国家级培训计划，包含了幼儿教师短期集中培训、置换脱产研修、“转岗教师”培训等培训项目。全国各地积极响应国家的号召，加大幼儿教师培训力度，对幼儿教师培训给予制度、人力、经费等方面的支持。各类幼儿教师培训机构加大幼儿教师的培训量，全国数以万计的幼儿教师因此获益。我国幼儿教师教育逐步实现了正规培养与非正规培训、职前培养和职后培训的结合，并朝着多元化、高层次、高质量的方向发展，一个高水平的、完善的幼儿教师终身教育体系正在逐步形成。

（三）国内外幼儿教师职前培养模式的发展趋势

1．培养规格趋向标准化

进入 21 世纪后，随着学前教育事业越来越受重视，特别是幼儿教师的培养体系开放之后，人们对培养规格的标准化呼声越来越高。2010 年，《国家中长期教育改革和发展规划纲要（2010—2020 年）》出台，明确提出要“严格制定幼儿教师资格标准，切实加强幼儿教师培养与培训，提高幼儿教师队伍整体素质”。2012 年我国出台了《幼儿园教师专业标准（试行）》并指出该标准是国家对幼儿园合格教师专业素质的基本要求，是教师实施教育行为的基本规范，是引领教师专业发展的基本准则，是教师培养、准入、培训和考核等工作的重要依据。我国幼儿教师培养规格已走向标准化。

美国设计了三种幼儿教师职前标准。如何建立符合幼儿教师培养现状的幼儿教师专业标准是美国政府部门和行业协会关注的中心问题。美国幼儿教育协会制定的《幼儿教育职业准备标准》，为学前教育从业人员的正规高等教育分别设计了三种职前标准：初级许可证标准（本科水平）、高级许可证标准（研究生或博士水平）、副学士学位标准（专科水平）。这三套职前标准均包含了幼教职业候选人在知识与能力方面的核心标准，以及不同层次的附加标准，并且根据不同的实践表现分成了优秀、熟练、发展和基础四种水平。

日本通过教员资格证书规范培养规格。在日本，幼儿教师被认为是国民重要的早期智力启蒙者，最终对学前教育质量起决定性作用。日本国立、公立和私立幼儿园的教员，均需具备幼儿园教员资格证书。目前，日本幼儿园教员资格证书分为普通资格证书和临时资格证书两类。普通资格证书又分为幼儿园教谕专修资格许可证、一种资格许可证和二种资格许可证三种，这类证书全国通用，终身有效。

2．培养体系逐步开放与完善

在我国，自 20 世纪 50 年代以来，幼儿园教师主要由中等幼儿师范学校培养，20 世纪 80 年代以后中专、大专、本科层次的学前教育专业都承担起了培养幼儿教师的重任。特别是 2011 年《国务院关于当前发展学前教育的若干意见》指出：“完善学前教育师资培养培训体系，办好中等幼儿师范学校，办好高等师范院校学前教育专业，建设一批幼儿师范专科学校。”目前，我国专科层次的学前教师由高职高专院校进行培养，实施职业化教育，重视学前教育技能和技术的训练，培养合格的幼儿教师；本科层次的学前教师由普通本科高校进行培养，实行专业化教育，能力训练和知识学习并重，目标在于培养优秀的幼儿教师；研究生层次的学前教师由具有研究生招生资格的高校培养，实行学术性教育，致力于培养研究型、专家型的幼儿园教师。由此可见，以幼儿师范专科学校为主的专科层次、以地方本科院校为主的本科层次、以师范大学为主的研究生层次这个新三级培养体系正在逐步形成。

在美国，20 世纪 50 年代初，美国共有 139 所师范学校改为师范学院，高等师范教育体系逐渐形成。但是升格后的师范学院未能持续太久，到 20 世纪 60 年代末，多数师范学院又并入综合性大学或学院，成为其中的教育学院或教育系，幼儿教师的培养就从开始的由师范学校进行培养逐渐过渡到由师范学院或大学和学院的教育院系进行培养。目前，若是从学历层次来划分，美国幼儿教师的职前培养计划主要有副学士学位教育计划、学士学位教育计划和硕士学位教育计划。《开端计划法案》的最新声明要求在 2013 年之前，所有的开端计划项目教师至少要拥有副学士学位，其中 50% 以上的要有与早期教育相关的学士学位。

在日本，1949 年《教员许可法及实施令》的颁布和实施，使日本幼儿教师的培养驶入了快车道。日本幼儿教师的主要培养层次：在短期大学学习两年学前教育课程，至少修完 62 学分的大专毕业生；获得学士学位的学前教育专业的本科生；修完学前教育专业硕士课程的研究生。目前，日本实行“开放式”的教师培养制度，这一制度遵循两大原则：一是由大学承担培养教师的责任；二是教师资格证的颁发实行开放制。日本幼儿教师的培养机构，包括了国立、公立、私立的师资培养大学、综合大学、一般大学、短期大学。幼儿教师主要由 300 多所四年制大学和二年制的短期大学培养。另外，当按大学规定的正规课程所培养的教员不足时，可由文部大臣指定某些机构培养，其水平相当于两年制短期大学的水平。除此之外，三所新设教育大学大学院（研究生院）及 18 所国立师资培养系统大学大学院所设的学前教育研究部开设硕士课程，为培养幼教师资和幼儿教师在职研修服务。

3．重视课程模式建设与改革

我国开始重视课程模式改革。2011 年，《教育部关于大力推进教师教育课程改革的意见》提出，要建设高素质专业化教师队伍，推进教师教育课程改革。该文件中有两个方面的内容特别值得我们重视，一是优化教师教育课程结构，二是改革课程教学内容，特别是及时吸收儿童研究、学习科学、心理科学、信息技术的新成果。目前，我国一些学者认为我国现行的大专层次幼儿教师培养的课程模式存在着内容陈旧、学用不一等诸多问题，严重影响了培养质量。因此，专家学者提出应对课程加以调整。新的课程模式应该致力于提高学生的综合素质，在给学生专业训练的同时，要通过通识课程和社会实践课程培养学生的职业素养和基本职业能力。为此，要夯实专业基础，拓宽基础理论课范围，设置综合课程，重点改造专业课，删除陈旧、过时的内容，增加能反映新科学技术尤其是教育科学最新发展的材料。同时，加强实践课程，加强教育教学的见习和实习，开展多种形式的教育实践训练，提升学生的实践能力，培养学生的专业技能。

美国着力构建可以衔接的幼儿教师培养分层课程。在美国，随着幼儿教师学历层次的不断提升，课程设置的深度和广度都在加大，形成了副学士课程—学士学位课程—硕士学位课程的有效衔接。例如，副学士课程在课程安排上，一般要求修满 60 ~ 70 学分，其中约 30% 的学分为通识课程，70% 的学分为专业 / 技术课程。多数为必修课程，选修课程所占比例不到 10%。通识课程包括英语基础、文学基础、数学基础、公共演讲、人际关系、地球科学、生物基础以及美国历史等；专业 / 技术课程包括儿童文学、心理学导论、教育学基 础、儿童成长与发展、幼儿园课程、儿童指导、儿童健康、儿童安全和营养、儿童保育、儿童观察、评估和田野实践等。学士学位课程在课程设置上，一般安排 70 ~ 80 学分的专业课程，加上先前所修的 50 ~ 60 学分的通识教育课程，总学分在 120 ~ 140。幼儿教师教育的专业课程可分为学科专业课程、教育专业课程两大类。学科专业课程包括英语、数学、科学、社会等；教育专业课程主要包括教育基础、儿童发展、教育评价、教育心理学、幼儿教育导论、幼儿课程与教学、健康、安全和营养、观察记录与评价、幼儿教育前沿问题、幼儿教育临床实践、教育实习等。硕士学位阶段的课程一般为 40 学分左右，学制 1 ~ 2 年。以休斯敦大学的某硕士课程为例，其课程设置 36 学分，分别是 12 学分的教育专业核心课程、9 学分的学前教育专业必修课程、9 学分的学前教育专业选修课程和 6 学分的学位课程，另外，还要求学生在社区的幼儿机构中从事实践活动 160 小时。

日本鼓励学校自主开设课程。“二战”后，日本在师资培养课程方面不再强行规定师范学校固定划一的学科设置，各大学在不违反《教育职员许可法》的前提下，可根据文部省设立的领域和目标，自主开设有特色的、超过法定基准的学科课程和教育内容。课程的开设除了要考虑社会对教师素质的要求外，还要注重依据各种科学尤其是教育科学的最新研究成果。学科教育专业科目和教职专门科目设定履修标准和最低学分数，学生必须达到规定的最低标准。其中，一般教养科目分为人文、社会和自然科学三大领域，至少各修 8 学分，外语科目要修 12 学分以上，保健体育需修 4 学分。学科教育专业科目和教职专门科目与将来的教职密切相关，其中教职科目内容包括两个方面的内容：一是关于教育的基础性、理论性素养，包括教育思想、教育史、教育制度及政策、教育与社会、文化的关系等；二是关于教育实践性的技术和方法，指在学科学习及学科外的教育活动中，把从一般教育及专业教育中学到的知识编成教材，系统地传授给学生的方法和技术。教育实习是教职专门科目中的必修科目。

（四）国内外幼儿教师职后培训模式的发展趋势

近两年，在国家高度重视学前教育的背景下，我国学前教育获得了极大的发展，大量幼儿园新建和改扩建，社会力量新办的幼儿园数量增加，使幼儿教师的需求量大增，幼儿教师供不应求，加上原有幼儿教师队伍总体质量不高，幼儿教师培训就成为各方关注的焦点。把握幼儿师资培训政策、幼儿教师专业要求以及目前幼儿教师队伍的现状，分析幼儿教师职后培训趋势，将有助于学前教育事业的发展。

1．系统开发培训课程

2011 年，《教育部关于大力推进教师教育课程改革的意见》提出，要建设高素质专业化教师队伍，推进了教师教育课程改革。《教师教育课程标准（试行）》对在职教师教育课程提出了设置框架建议，明确指出，教师教育机构要依据课程标准，制订幼儿园、小学、中学教师教育课程方案。科学安排公共基础课程、学科专业课程和教师教育课程的结构比例。根据学习领域、建议模块以及学分要求，确立相应的课程结构，提出课程实施办法，制定配套的保障措施。建立课程自我评估制度，及时发现问题，总结经验，不断完善课程方案。与此同时，教师教育机构要研究在职教师学习的特殊性，提供有针对性的在职教师教育课程，满足不同学习者的发展需求。在职教师教育课程要反映相关研究领域的新进展，联系教育实际，尊重和吸纳学习者自身的实践经验，解决实际问题，增强在职教师教育课程的针对性和实效性。

2012 年，教育部出台了《幼儿园教师专业标准（试行）》。2012 年，在全面实施“国培计划”的同时，教育部又出台了《“国培计划”课程标准（试行）》。它从教师专业发展要求出发，以培训项目为切入点，建构起针对三类幼儿教师的课程标准（示范性短期集中培训项目针对地市级以上骨干教师专业发展需求，中西部短期集中培训项目针对农村骨干教师专业发展需求，中西部置换脱产研修项目针对农村义务教育学校有良好发展潜力的中青年骨干教师的需求），体现出了“遵循教师成长规律，注重培训实践取向，针对问题解决，突出专业能力提升，服务教师终身发展”的理念。但是，从教师专业发展阶段划分来看，幼儿教师要经历新手期、成熟期、研究期，他们在专业成长过程中有不同的特点和培训需求。因此，在“国培计划”课程之外，还有大量幼儿教师培训课程有待开发和建构。

同时，在幼儿教师队伍中，除了幼儿园教师，还有园长、保教主任、保育员、保健医生和营养员等各种岗位的在职培训，培训课程开发与课程体系建构工作也有待完善。

2．培训手段与方式丰富灵活

（1）信息技术进入职后培训

信息技术对于教育领域的冲击，最直接的影响是教育手段的变革。互联网与多媒体技术的发展给幼儿教师职后培训手段的改革带来了新的变革。新知识、新技术和新信息的大量出现，使在职教师必须主动地参与到学习之中，以一种自觉的学习态度，从较高的知识层次上，具有超前性和针对性地汲取自己所从事专业的信息，更新自己现有的知识，以应付可能出现的各种挑战。

信息化平台建设克服了时空的限制，学习者不再受地理位置和上课时间等因素的制约。最有价值的教学资源和最优秀的网站可以被世界上任何地方的学习者在任何时间使用。在职教师可以自由选择学习时间，克服了工作与学习之间的矛盾。

（2）培训方式灵活

幼儿教师培训要从外在的教育理论知识、态度和技能的“训练”转化为内在的“发展”，从单向“灌输”的教学方法转化为双向的“对话”，从被动式接受转化为积极主动探索式发展，要改革幼儿教师职后培训的方式方法，使得学员养成主动学习、与他人互动的学习习惯。如行动学习法可以促进在职幼儿教师反思能力的提高，案例教学法可以促使幼儿教师深入剖析发生过的“教育事件”并从中获取经验和教训，体验式学习法可以促使幼儿教师进入“真实”的教学情境，体验真实情境中的问题的处理等。

3．分类分层培训成为必然

幼儿园是一个分工细致而明确的运作整体，每个角色都有不同的岗位职责与能力要求，幼儿园教师随着工作年限的不同也存在着不同的培训需求，由此可见，分类分层展开幼儿教师职后培训是职后培训的必然趋势。

（1）根据幼儿园岗位需求开展分类培训

幼儿园的岗位设置分工明确，园长、保教主任和教师是幼儿园保教工作中最为重要的三类岗位，应针对他们的岗位职责和能力需求特点进行培训。

园长培训。园长负责幼儿园的全面工作，应该具有“角色定位与文化力”“经营与管理力”“课程领导力”“园本研究领导力”“教师队伍建设力”“改革与发展规划力”等“六大能力”，以“六力”为核心的系列课程就成为园长培训的主要内容。

保教主任培训。保教主任是幼儿园的中层管理者，承担着计划、实施并检查幼儿园的保教工作。关注幼儿的饮食与营养、安全及卫生，教师的日常考评，科研工作的开展以及教材教具的购买等职责。要围绕保教管理执行与质量监控能力、园本教研指导能力、团队建设能力、心理健康与调适能力、教师培训能力、沟通与协调能力以及专业发展指导能力等职业能力构建培训课程。

幼儿教师培训。幼儿教师是直接承担幼儿教育和保育工作任务的重要人员，要围绕保育能力、环境创设能力、游戏活动组织能力、教育教学能力、沟通与交流能力、观察与评价能力等方面对其展开培训。

（2）基于职业能力发展规律的分层培训

第一，基于园长工作能力的分层培训。

根据园长工作能力的分层进行培训就是以园长所处不同发展阶段为划分依据，根据每个阶段的特征和需求，开设相应的培训课程。

新任园长：新任园长即刚进入园长岗位的新园长，他们还不熟悉幼儿园整体的管理和园长的岗位职责，因此，培训课程安排以幼儿园基本的管理与运作、园长职责为重点，帮助新进园长尽快熟悉并适应园长身份，承担起管理幼儿园的责任。

成熟园长：这部分园长已有一定的工作经验，对于幼儿园管理已有初步的经验和想法，但对于幼儿园的长期发展规划以及教育理念等问题会产生新的困惑和疑问。对于这部分园长，课程目的在于为他们提供先进的幼儿园管理理念，帮助他们增强规划发展幼儿园的能力，形成自己管理幼儿园的独特办学理念。

骨干园长：这些园长具有丰富的幼儿园管理经验，形成了自己的办园理念，同时对学前教育有自己的思考。因此课程应为园长提供一个相互交流、共同研讨的平台，在专家的带领下解决幼儿园发展的方向性问题。

第二，基于保教主任工作能力的分层培训课程。

根据保教主任的职业生涯特点，其培训课程也可划分为三个不同的阶段。

新任保教主任：新任保教主任的课程以熟悉岗位内容、保教相关知识为基础，旨在帮助新任保教主任胜任工作岗位、理清工作思路。

成熟保教主任：成熟保教主任的课程安排以经验的总结提升、进一步提高保教工作的管理水平为主要内容，目的在于提高保教主任的能力，使其高效完成工作。

骨干保教主任：骨干保教主任的课程除了进一步提升其个人的工作能力外，还加入了对其自主思考问题能力的培养、自己解决问题能力的培养。

第三，基于教师工作能力的分层培训。

针对不同发展阶段的幼儿教师，同样需开发出具有针对性的课程，帮助不同阶段的教师实现教学质量的提高。

新手教师：新手教师具备较为全面的理论知识，但是欠缺实践的经验，对于课程的具体安排以及课堂管理等实践性的工作内容有很大的培训需求。因此，针对新手教师的培训，课程应以教师所需的基本教学技能和经验的分享为重点，帮助新手教师尽快适应教师身份。

成熟教师：成熟教师已完成教师身份的适应，基本能够胜任教师的岗位工作，但面临着专业发展上的困惑，并且容易产生职业倦怠。因此，针对成熟教师的培训课程安排以帮助其实现专业化发展、应对职业倦怠为主要内容，帮助教师实现专业发展，提高对教师的职业认同感。

骨干教师：骨干教师的培训课程着眼于提高骨干教师的专业能力和模范带头作用。骨干教师除了继续专注自己的专业化发展，还需对周围教师起模范带头作用，朝着学科带头人的方向努力，提高所在学校的教育教学水平。因此，培养骨干教师的自主探究能力和解决问题的能力成为骨干教师培训的重点。

4. 培训评估体系必须要建立

如何在培训过程中对教师培训的效果进行评估检验，是长久以来困扰人们的一个问题。一方面，关于教师教育观念方面的培训效果本身就很难量化；另一方面，关于教师教育技能方面的培训的评价容易流于表面，给研究效果的检验带来一定的困难。

英国师资培训委员会在全国性的大规模调查的基础上，于 1984 年发表了《学校教师的在职教育、培训和专业发展》的报告，其中提出了对教师在职教育和培训进行评价的九项指标：①教师是否根据学校、地方教育当局及本专业的发展目标确定了自己的培训需要；②校董事会、校长、高级管理人员、地方教育当局顾问是否支持、保证全体教职员参与培训；③地方教育当局是否有师资培训的配套政策；④是否拥有教师培训的校舍和设备；⑤是否有可供教师选择的适当培训形式（校内培训或校外培训）；⑥是否有可供教师选择的适当培训时间和活动方式；⑦培训课程是否与教师需要相关，是否以解决实际问题为主；⑧开设课程的高等院校和其他机构是否有一定的经验与技术；⑨学校的培训准备是否充分，培训后是否积极推广培训成果。

美国幼儿教师的职后培训效果评估，参照美国幼儿教育协会制定的《幼儿教育职业准备标准》。不同阶段的培训与不同层次的标准化评估体系紧密结合。一方面为各阶段的培训提供了具体内容、目标及要求方面的参考，使各阶段的培训有规律可循，有准绳可依，具有极强的操作性与实用性；另一方面满足了美国多样化的学前教育机构与多层次幼儿教师职业的需求。这些评估体系都不约而同地体现了对表现性评价方式与教师实际教学实践表现的重视，保障了不同阶段师资培养的质量。

在日本，职后培训效果评估主要是对每个教师研修后的指导能力以及研修过程中所采用的研修方式进行评价。评价不仅仅只是依靠教育行政部门，大学研究人员、现场教师以及教职员团体等也都参与其中。之后这些评价结果将被反映到研修方式之中，以便于对研修计划进行不断的改善，提高研修的效果。

2012 年出台的《幼儿园教师专业标准（试行）》为我国建立科学的质量评价制度提供了依据，开展幼儿园教师教育的院校要将该专业标准作为幼儿园教师培养培训的主要依据。这份标准的出台，也可以理解为我国具有了幼儿教师职后培训的效果评估依据。

2012 年教育部下发的《“国培计划”课程标准（试行）使用指南》指出：要做好培训的考核评价工作；采取定性与定量相结合、学员与专家评价相结合、即时与后续评价相结合、自评与他评相结合的多种方式，对项目实施工作进行评价；要采取过程性考核与终结性考核相结合的方式，对学员的培训预期目标达成度进行评价；要注重对学员培训前后改进程度的测评等。但是，我国目前尚无权威的幼儿教师职后培训评估的具体标准，必需要建立评估体系。

二、学前教育事业发展与幼儿教师需求

（一）中国学前教育的发展战略对幼儿教师量和质提出了要求

1．幼儿教师数量需求极大

《国家中长期教育改革和发展规划纲要（2010—2020 年）》出台后，我国学前教育发展迅速，但是在幼儿园数量猛增的同时，幼儿教师的数量如何跟上需求成为很大的难题。2011 年我国幼儿园园长和教师共 149.60 万人，比 2010 年增加了 19.07 万人，生师比由此前的 26 ：1 下降为近 23 ：1，但还是远远高于教育部规定的合格生师比 14 ：1 ~ 17.5 ：1。并且我国地区间幼儿园教育发展不均衡，差异较大，特别是边远地区和农村地区，幼儿园专任教师的缺口更大。《2016 年全国教育事业发展统计公报》显示，全国共有幼儿园 23.98 万所，比上年增加 1.61 万所，入园儿童 1922.09 万人，比上年减少 86.76 万人。在园儿童（包括附设班）4413.86 万人，比上年增加 149.03 万人。幼儿园园

长和教师共 249.88 万人，比上年增加 19.56 万人。学前教育毛入园率达到 77.4%，比上年提高 2.4 个百分点。

从图 4-1 可以看出内蒙古 2010—2020 年 3 ～ 6 岁组人数变动情况预测分析结果：3 岁组儿童人数在 2014 年达最高峰（80.80 万人），以后呈现下降趋势，2020 年下降到 70.72 万人，但比 2010 年 67.97 万人增加 2.75 万人；4 岁组儿童人数在 2015 年达最高峰（80.72 万人），以后也同样呈现下降趋势，2020 年下降到 72.97 万人，但比 2010 年 67.91 万人增加 5.06 万人；5 岁组儿童人数在 2016 年达最高峰（80.64 万人），以后也同样呈现下降趋势，2020 年下降到 74.97 万人，比 2010 年 66.89 万人增加 8.08 万人；6 岁组儿童人数在 2017 年达最高峰（80.58 万人），以后也同样呈现下降趋势，2020 年下降到 76.55 万人，比 2010 年 62.88 万人增加 13.67 万人。

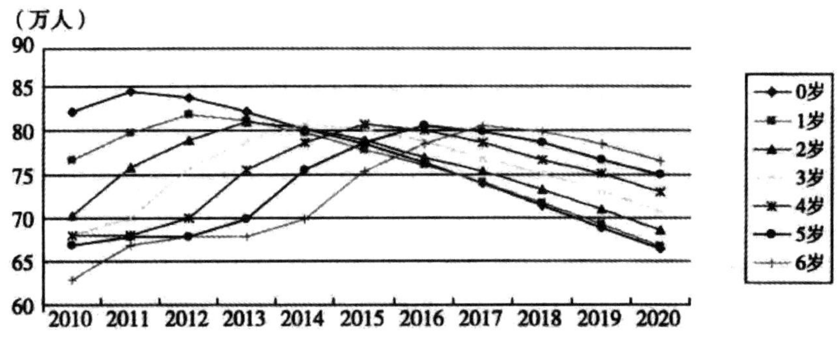

图4-1　内蒙古2010—2020年0～6岁人口分年龄预测分析

由此可见，2010—2020 年内蒙古学前教育阶段学龄儿童数经历了上升再下降的过程，在2016年，学龄人数达到317.94万人，过后，学前教育阶段学龄人数下降，但只到了2020年，学龄人数仍高达 295.21 万人，比 2001 年增加了 10.60 万人。

根据《内蒙古自治区中长期教育改革和发展规划纲要（2010—2020 年）》的发展目标，计划到 2015 年，内蒙古将初步普及学前一年教育，在园幼儿数为 55 万人，学前一年毛入园率达到 85%，学前三年毛入园率达到 60%。到 2020 年，基本普及学前教育，在园幼儿数为 67 万人，学前一年毛入园率达到 95%，学前三年毛入园率达到 70%（表 4-7）。

表 4-7　内蒙古学前教育事业发展主要目标

年份	2009	2015	2020
幼儿在园人数（万人）	33.8	55	67
学前一年毛入园率（%）	70.2	85	95
学前二年毛入园率（%）	55.6	70	80
学前三年毛入园率（%）	37.59	60	70

按照生师比为 14 ：1 ～ 17.5 ：1 计，到 2015 年内蒙古至少需要 8.17 万名专任教师和保育员，到 2020 年内蒙古则至少需要 8.63 万名。内蒙古现有幼儿园专任教师和保育员总数仅为 3.39 万人，与 2015 年和 2020 年教师和保育员需求数相去甚远，幼儿园人力资源需求量极大。

2．幼儿教师质量亟须提升

幼儿园园长、教师的学历水平和职称水平一定程度上反映出了幼儿师资队伍的素质水平。

2010 年，全国有 61% 的幼儿园园长和教师拥有专科以上学历，仅有 14.75% 的园长和教师拥有高级职称，甚至有高达 64.25% 的园长和教师未评职称。同属于基础教育阶段的小学师资情况是拥有专科以上学历的教师占 78.29%，拥有高级职称的教师占 53.9%。由此可见学前教育仍为教育事业中的短板，幼儿教师专业素质水平远远低于其他教育阶段(图 4-2)。

目前内蒙古幼儿园园长、专任教师的总数为 37329 人，有 45.12% 的教师为专科以下学历，有高达 68.28% 的教师未评职称，幼儿教师的学历和职称水平并不理想（表 4-8）。

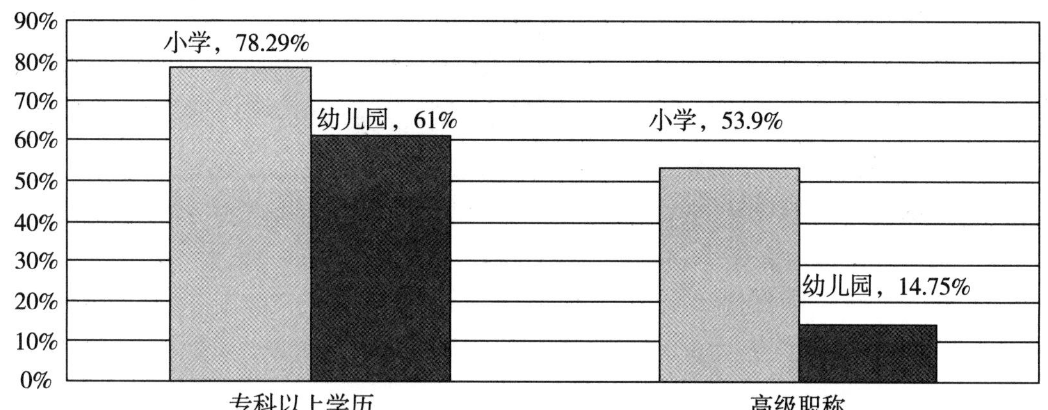

图4-2　2010年幼儿园教师和小学教师学历、职称情况

表 4-8　内蒙古幼儿园教师、园长学历和职称情况

维度	学历					职称					
分类	研究生	本科	专科	高中	高中以下	中学高级	小学高级	小学一级	小学二级	小学三级	未评职称
人数（人）	35	2911	17542	15081	1760	124	4143	3954	2946	674	25488
分比（%）	0. 09	7.8	46. 99	40.4	4.71	0.33	11.1	10.6	7. 89	1.8	68.28

根据内蒙古幼儿师资水平现状的分析结果可见，幼儿教师专业素质水平提升压力大。

2000 年我国幼儿园教师队伍中，专科以上学历者仅只占教师队伍总数的 11. 8%，到 2010 年这个比例已达 61%，其中，专科毕业生占到 48%，这个比例在近期还会不断加大。在未来的 20 ~ 30 年内，专科毕业生将是我国学前教育教师队伍的主体。

3．农村幼儿园教师严重不足

（1）农村幼儿园教师数量少，生师比高

2011 年全国幼儿园平均生师比为 23 ：1，而乡村地区的生师比为 34 ：1，部分边远农村地区甚至高达 40 ：1。2011 年内蒙古农村人口 2703 万，占内蒙古人口总数的 58.2%。按照规律，农村地区的幼儿出生率会高于城镇，因此推算内蒙古农村适龄幼儿总数占全区幼儿总数比会高于 58.2%，那么农村地区幼儿园教职工数占教职工总数比也应高于此，而事实上2011年内蒙古农村地区幼儿园教职工总数为1122万人，仅占了内蒙古幼儿园教职工总数的22.85%。农村地区的幼儿专任教师为5797人，仅占了专任教师总数的15.41%（图4-3）。内蒙古47.15%的幼儿保育员分布于城区，36.97%分布在县镇，乡村仅占了13.88%（图4-4）。内蒙古幼儿园保健医生总数的50.61%分布于城区，36.21%分布在县镇，乡村仅占13.18%（图4-5）。由此可见，县镇和乡村幼儿园的保育员、保健医生配备情况远比城区薄弱。

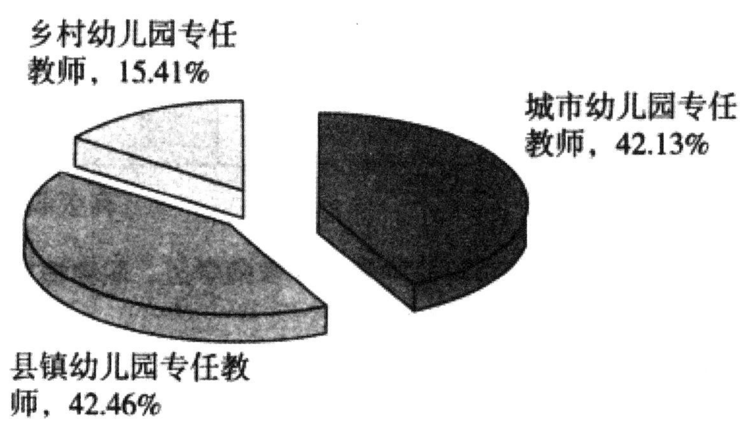

图4-3　幼儿园专任教师城乡分布情况

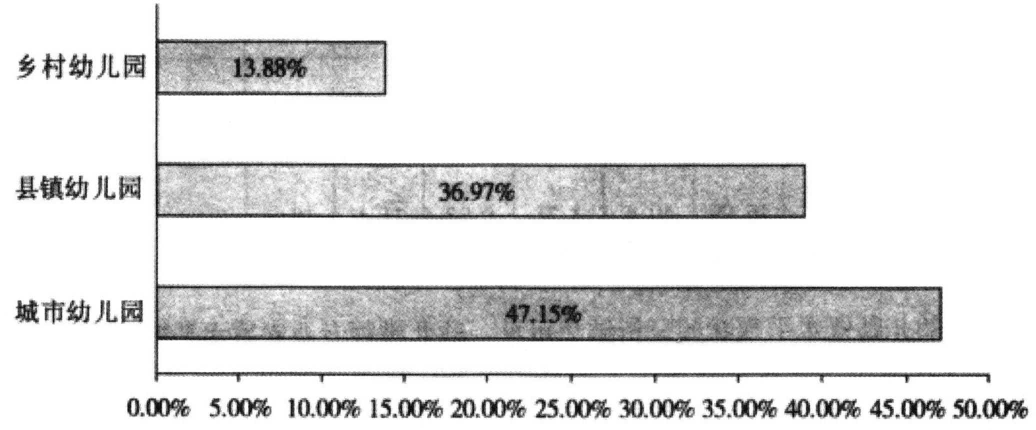

图4-4　幼儿园保育员城乡分布情况

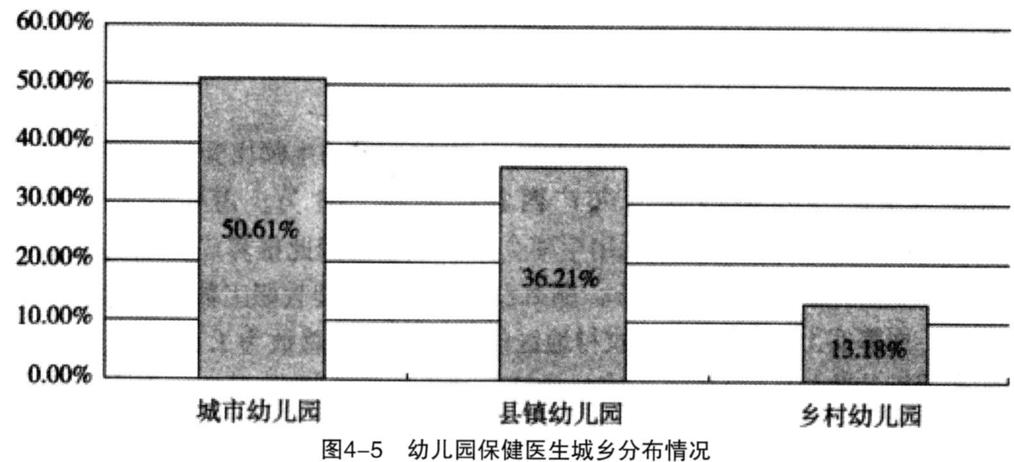

图4-5 幼儿园保健医生城乡分布情况

随着农村生活水平的提高，以及国家教育政策向农村学前教育倾斜，农村幼儿入园率会快速提高，农村幼儿园教职工数量缺口将会变得越来越大，其压力远远大于城市。

（2）农村地区幼儿教师整体专业素质有待提高

2011 年全国有 64% 的幼儿教师拥有专科以上学历，其中城市专科以上学历幼儿教师比例为 72%，农村的比例远远低于城市，仅为 44%；全国有 32% 的幼儿教师拥有小学二级以上职称，其中城市的这一比例为 34%，而农村仅为 24%，并且有高达 75% 的教师未评职称。2011 年内蒙古有 70.46% 的城市园长和教师拥有专科以上学历，而农村仅为 33. 18%；有 40% 的城市园长和专任教师拥有小学二级以上职称，而农村仅为 14.34%，高达 84% 的园长和专任教师未评职称。由此可见农村幼儿教师的专业素质不高，培养、培训压力非常之大（表 4-9）。

表 4-9 2011 年城市和农村幼儿园园长、教师的学历和职称情况

	全国		内蒙古	
	城市	农村	城市	农村
专科以上学历占比	72%	44%	70.46%	33.18%
小学二级以上职称占比	34%	24%	40%	14.34%

（二）社会多样化学前教育需求与供给的矛盾

改革开放以来，社会经济飞速发展，人们的生活水平发生了质的飞跃，一部分人先富起来，社会阶层分化日渐明显。

中国社会科学院“当代中国社会阶层研究”课题组以职业分类为基础，以组织资源、经济资源和文化资源的占有状况为标准，将当代中国社会阶层结构的基本形态划分为十个阶层、五个等级。

社会上层包括最高层领导干部、大企业经理人员、大私营企业主、高等级的学者专家。

社会中上层包括中低层领导干部、大企业中层管理人员、中小企业经理人员、中高级专业技术人员及中等企业主。

社会中层包括初级专业技术人员、小企业主、办事人员、个体工商户。

中下层包括个体体力劳动者、一般商业服务业人员、工人、农民。

处于贫困状态并缺乏就业保障的工人、农民和无业、失业、半失业的人生活在社会底层。当前中国社会上层、中上层人士占总人口的比例不足 10%，中层占总人口的比例为 15% ~ 20%，余下部分为中下层及底层，占到了 70% ~ 75%。

不同社会阶层的利益不同是形成现代社会政治的基础，而在这种利益基础上形成的情感和认识的不同，则会造成不同阶层在文化和社会需求上的差异。发展社会学家皮埃尔·布迪厄认为经济资本、文化资本、组织资本这三种资本是能够在一定范围内互相转化的。因而，当前社会中文化资本、经济资本与社会资本的优势拥有者能够把自己的资本转化为其他资本。

社会上层和中上层人群由于占有较多的经济资本、文化资本、组织资本，他们对子女的学前教育需求处于最高层次，一般希望子女可以得到最优质的服务。社会中层占有一定量的资源，对子女的教育期待也较高，但是他们由于掌握的资源有限，因而对子女的学前教育需求会更倾向于实用性，期待子女能接受较好的学前教育。以上这两个阶层对学前教育的价格不是很敏感，需要的是优质的教育资源，同时需要教育体系的透明和开放，保证物有所值。处于社会中下层和底层的人群占有的资源很有限，对学前教育的价格比较敏感，他们需要收费低廉、质量有一定保障的基准化的幼儿教育服务，他们希望自己在工作时，孩子能够有玩伴，幼儿园有较好的硬件设置和师资条件，能够培养孩子良好的生活习惯与品德及一定的兴趣爱好。

根据社会阶层分化的情况，结合各阶层对幼儿教育不同的需求倾向，当前我国学前教育需求结构大致可以分为三个层次：10% 的最优质的学前教育服务；15% ~ 20% 的良好学前教育服务；70% ~ 75% 的基准化的学前教育服务。

现实困境是 2000 年后，我国幼儿园供给总量下滑，不同性质幼儿园的比例也发生了变化。例如，2000 年我国不同性质的幼儿园结构中，集体办园约占 46%，教育部门办园占 20%，其他部门办园 9%，民办园约占 25%。而 2010 年情况则完全改变了，民办园成为幼儿园的主体部分，占比约为 68%，教育部门办园 19%，集体办园仅为 10%，其他部门办园 3%。

当前社会中下层和底层人民对基准化的学前教育需求占学前教育需求总量的 70% ~ 75%，而收费相对低并且质量有保障的公办园、集体办园仅仅占到幼儿园总量的 30% 左右，并且绝大部分的公办园、集体办园的首要招生对象为公务员、机关单位工作人员的子女，提供给普通民众子女的名额非常少。另外，尽管当前我国民办园已经占据幼儿园总量的 65% 以上，成为学前教育供给的事实主体，但是与公办园、集体办园相比，在同等保教质量下，民办园的价格往往更高，或者是游离于保教质量标准之外的低质低价。在我国质优价廉的公办园尚属稀缺资源，“僧多粥少”难免会引发家长的激烈竞争，以至于人们发出如此的感叹，“入园难难于考公务员，入园贵贵过大学学费”。从这个意义上说，幼儿园除了供给短缺之外，“入园难”还是一种供给结构和需求结构不匹配的结构性矛盾。

（三）各类幼儿园的不同需求

从社会公平和国家干预社会发展角度考虑，社会下层和底层亦即普通民众和弱势群体的幼儿教育需求应该由政府来满足。在幼儿教育市场中，公办园要体现财政支持的意义，而民办园则体现市场调节的意义。

1．基准化公办园的教师需求

首先公办园的服务人群应该是所有公众，但是在资源有限的情况下，公办园应该优先解决低收入家庭的学前教育需求。这是由学前教育的强外部性特征所决定的，即学前教育要体现干预性、补偿性和参与性的社会服务功能。因此，在考虑社会各阶层对学前教育的不同需求的同时，还需要考虑到学前教育的强外部性特征，以此解决弱势群体学前教育的公益性需求。比如一些幼儿生活在文化和经济都贫困的环境中，还有些幼儿虽然在经济上不贫困，却生活在不利于他们成长的家庭，学前教育的社会性职能就是减少复杂环境对儿童的不利影响。复杂的社会环境决定了儿童生活环境的复杂性，相对于其他群体，这类人群家庭的儿童必须通过公办园获得基本的学前教育。

公办园的目标人群为普通的公众家庭，并且平价实惠，没有华丽高档的硬件装修和昂贵的收费，普惠到城镇广大民众，特别是城市中低收入家庭和外来务工家庭；办园理念是保障幼儿园常规教育教学的同时，让孩子健康、快乐地成长，而非一味强调贵族精英教育和特殊才艺教育；在办园体制上强调它的公益性，是造福人民、提高国民素质的公共教育事业，而不是以赚钱为目的的营利性机构。

从国际经验看，为了保证公共投入能惠及目标人群，一般可以从进入机制和退出机制两个方面来设计。“进入机制”是指公民获得公共服务需要符合的条件。政府往往通过设置“门槛”来限制服务的范围，以保证目标人群能够获得公共服务。在瞄准低收入家庭时，发达国家政府一般使用两种机制，一种是以家庭收入为标准，具有代表性的是美国“提前开端”项目；另一种是以社区经济水平为标准，具有代表性的是英国的“确保开端”项目。这两种机制执行效果有差异，所实施的条件不一样，对我国制定政策具有一定的启示意义。

“退出机制”主要是对那些经济情况较好、能够负担得起非公立幼儿园服务成本的家庭提供激励，鼓励他们离开公立幼儿园，去选择能满足他们服务需求的幼儿园。最主要的做法是为公共学前教育服务设置一个普遍的质量标准，高于这一标准的服务由市场或者是社会提供。

根据公办幼儿园的性质特点及发展战略，未来公办幼儿园对幼儿教师的需求总量将会随着公办幼儿园的增加而大幅度增加。公办幼儿园是普惠性的幼儿园，提供基准化的学前教育。公办幼儿园教师作为履行公办幼儿园教育工作职责的专业人员，首先必须是一名合格的教师，同时满足提供基准化服务的专业与职业素养要求，而不是开发甚至研究开发课程和试验新的课程。

2．多样化民办园的教师需求

民办幼儿园的发展是要打破传统由政府直接提供学前教育服务的单一供给模式，引入其他学前教育供给主体，形成竞争机制，不仅有助于拓宽学前教育融资渠道，提高服务水平，满足人们多样化的服务需求，还有助于改变、激励、提高整个学前教育体系的服务质量和效率。

发展民办园，既要认识到民办园在发展学前教育中的重要作用，又要承认学前教育市场的不足，要通过加强对民办园的监管，不断完善市场机制。

对民办园的监管主要可以从三方面进行，即准入监管、价格监管、质量监管。

从理论上讲，对于民办园的质量监管，政府应该坚持鼓励民办幼儿园多元化发展的原则，首先要允许民办园提供有差异的学前教育服务。同时制定幼儿园质量的最低标准，最低标准要保证民办园的教育质量达到促进幼儿健康发展的基本要求。对于民办幼儿园提供的丰富多样的学前教育服务，复杂多样的教育理念、办学定位和课程设计，家长往往难以分辨，加之家长专业知识有限，难以分辨所接收到的学前教育服务信息，因而教育监管部门可以通过加强质量检查、信息公开以及信息解读等方式帮助家长理性选择。

质量监管直接影响到对教师的需求。民办幼儿园必须加强教师队伍专业化建设，一方面要努力达到相关专业标准、准入制度的基本要求；另一方面，要能够结合幼儿园的发展战略、突出特色，开发教师的特长和培养其开发或实施新理念、新课程的能力。

3．非营利性幼儿园的教师需求

当前，各种类型的幼儿园都有自身的优势和局限。由于市场需求的多样化我们需要一个混合的服务供给体。非营利性幼儿园是学前教育机构的重要组成部分，可以弥补公办园和营利性民办园在效率和公平上的不足。许多发达国家的学前教育发展经验表明，公办园和民办园往往并非是真正高质量、低收费的幼儿园，真正的高质低价的幼儿园往往是由社会力量举办的非营利性幼儿园，非营利性幼儿园为我国幼儿教育的发展提供了新的思路。

非营利性机构和学前教育相结合，更显示出了学前教育的公益性和福利性，而幼儿教师作为机构的专业人员，必须同时符合非营利的公益机构和学前教育机构对工作人员的能力素质要求，必须充满爱心，热爱公益事业和学前教育事业，具备高尚的师德、良好的职业素养、无私的奉献精神、崇高的教育理想、坚定的信念，充满热情和不懈追求的活力、风范，以及扎实的可持续发展的专业知识技能。

第二节　当前学前教育专业培养的现实

一、学前教育专业培养模式的现状

构建适合我国国情的学前教育专业人才培养模式，不是将当下已有的学前教育专业人才培养模式全部推倒重来，而是尽可能地改革当下学前教育专业人才培养模式。对此要想构建适合我国国情的学前教育专业本科人才培养模式，必须要先了解我国当下学前教育专业人才培养模式的现状。综合已有相关成果发现，我国学前教育专业人才培养模式的现状如下。

（一）资深的学前教育专业人才培养模式风采依旧

尽管学前教育专业近年来才成为教育学类专业中的一个热门专业，但在一些老牌高等师范院校及诸多职业院校中，它其实是一个资历较深且不断发展的专业。直至今日，不少老牌高等师范院校及职业院校已经探索出比较成熟的学前教育专业人才培养模式，比较典型的模式主要有以下四种：

1.“大教育—小学前”模式

这种模式突出了学前教育专业的学科属性，将学前教育作为整个教育学科的一部分，视学前教育与小学教育、特殊教育等教育学类专业为同一层次，因而，在人才培养上，习惯将学前教育专业人才放在大教育学背景下来培养。主要体现为该专业学生与其他教育学类专业一样，共同接受基础性的教育学科理论教育后，再系统地学习学前教育专业的相关理论课程，并接受学前教育专业的特殊实践训练。这种模式在强调教育学科基础理论知识的同时，兼顾了学前教育专业的特殊专业性，体现了“厚普通教育学科基础、深学前教育专业知识”的特点。西南大学是此类模式的典型代表。

2.“专业教育—教师教育”模式

这种模式突出了学前教育专业的专业属性，将学前教育视为与语文教育、数学教育、物理教育、化学教育等学科教育一样的专业教育。因而，在人才培养上，习惯将学前教育专业人才培养分为学前专业教育和教师教育两部分。具体做法如下：在普通的学前专业理论、专业实践课程之外附加一个教师教育课程，一般包括 2 个必修学分、8 个选修学分和 12 个实践学分。该模式体现了“宽教师教育、精学前教育”的特点。首都师范大学是此类模式的典型代表。

3.“平台—模块”模式

这种模式突出了课程在人才培养上的重要价值。此处的平台特指平台课程，模块特指模块课程。其中，平台课程是指学校、院（系）、专业三个不同平台所开设的课程，而模块课程是指某一平台上相关联的课程体系。学前教育专业的学生可以选择性地学习这三个平台上的不同模块课程。该模式淡化了传统培养模式在人才培养方面的狭隘专业观念，强调了课程在人才培养方面的特殊意义。西北师范大学是此类模式的典型代表。

4.“校‘园’合作”模式

这里的“校”特指设有学前教育专业的学校，“园”特指各类幼儿园。“校‘园’合作”模式亦称“工学交替”模式，是指学前教育师资培养机构和幼儿园签订人才合作培养协议，幼儿园向学校提出订单式人才培养需求，学校在相关课程设置与教学内容上以幼儿园的需求为依据。一般来说，学校采用“2+1”方式培养人才。其中，学生两年时间在校学习理论，最后一年在幼儿园实地学习。该模式突出了学前教育人才培养的定向性。不少设有学前教育专业的高职院校采用这种模式。

（二）新型的学前教育专业人才培养模式

目前，随着学前教育的重要价值日益凸显以及学界对学前教育的认识逐渐加深，不少高校不仅争相申报学前教育专业，还竞相探索新的学前教育专业人才培养模式。在此背景下，多种新型的学前教育专业人才培养模式被不断推出。其中，以下几种模式尤为突出：

1.“全实践”模式

所谓“全实践”，就是将幼儿教师专业发展全程中所有实践环节作为一个整体来系统定位、统筹安排。“全实践”模式亦称“田园耕作”模式，该模式注重突出学前教育专业人才培养的实践环节。在学前教育专业人才培养中，融入“全实践”的理念，通过名师指导，学生在做中教、做中学，从而扩大学生的“田园耕作经验”，提升学生的具体实践能力。该模式主张“全实践”理念全程贯通整个人才培养过程，在培养内容上要体现全面整合，在培养理念上要体现全息渗透。此外，该模式强调在人才培养的不同阶段，安排不同层次与不同深度的专业见习、专业实习、顶岗带班，玉林师范学院是这种模式的代表。

2.“工学结合”模式

“工学结合”模式是将学习与工作结合在一起的教育模式。该模式突出理论与实践并重的学前教育专业人才培养理念，主张学生在校期间不仅要从事学习活动还要去实习基地工作，即主张学生边学习边实践，做中学、学中做，从学习中习得理念，从实践中获取能力。祁阳师范学校是此类模式最为典型的代表。

3.“反思实践”模式

该模式针对一般人才培养模式中或偏重理论的“学”或偏重实践的“行”而忽视沟通理论与实践之桥梁的“思”的现象，将舍恩提出的“反思性实践者”作为人才培养的理想形象，培养适应 21 世纪学前教育事业发展的高级专业性人才。该模式主张学前教育师资既要具备宽厚的自然与人文通识知识，又要具备精深的学前教育专业理论知识，同时还要具备将上述两者融合并运用于实践的反思性知识和反思性能力。对此，在课程设置上，该模式既注重通识课程的教学质量，又注重实践课程的反思性学习任务，主张学生在实践过程中形成反思意识与反思能力，做到“学、思、行”并重。常熟理工学院是此类模式的代表。

4.“全语言教育”模式

该模式是基于“全语言理论”提出的，旨在培养适应儿童的“形式语言”（中文、英语等）与“符号语言”（舞蹈、英语、肢体动作等）。该模式强调构建“全语言教育”师资团队，以“产—研”双师型教学方式或“3+1”教学方式来培养学生的“全语言”意识、“全语言”教学能力，以适应“全语言”教育。

二、当前学前教育专业培养的挑战

尽管学前教育理论界与实践界均在学前教育人才培养模式方面做过诸多探讨与探索，并且目前已经出现了不少学前教育专业人才培养模式，但是它们都存在了不同的层面与不同程度的局限，其主要表现如下：

（一）培养目标贪大求全

“培养目标是指根据一定的教育目的和约束条件，对教育活动的预期结果，即对学生的预期发展状态所做的规定。”文中的培养目标特指学前教育专业人才培养目标，即通过一定的培养过程使作为培养对象的学前教育专业学生在素质上要达到的基本要求和规格标准。“人才培养目标直接决定着培养人才的品质和规格”，在整个人才培养过程中起着先导和决定作用。审视当下各级各类高校学前教育专业人才培养目标发现，它们普遍贪大求全，其主要表现为在培养目标定位上，普遍由培养中等师范学校学前教育师资和幼儿园师资等专门性的应用型人才转变为培养各级各类幼儿园师资、各级各类幼儿保健院所保育人员、各级各类幼儿教育管理人员以及各级各类幼儿教育期刊编辑人员等相关领域的应用型人才和各级各类幼儿科研机构科研人员及学前教育方向研究生等学术性人才。可见，在学前教育专业人才培养目标定位上，各级各类高校大有培养与幼儿有关的一切人才之势。其实，当下各级各类高校学前教育专业的培养目标均体现了一种“学术型”与“应用型”并重的人才培养定位。显然，这种“鱼与熊掌兼得”的培养目标不是任何高校都能实现的。其原因在于，要想达成这种目标，需要学生同时学好教育学类、心理学类、社会学类、艺术学类、生理学类及医学类等学科的诸多核心课程，而要同时学好这些课程，对于三年制或四年制的学前教育专业学生来说是不现实的。

（二）课程设置不够合理

课程设置是指“依据一定的培养目标选择课程内容、确定学科门类及活动、确定教学时数、编排学年及学期顺序，形成合理的课程体系”。课程是促进学生成长与发展的养分和养料，决定着人才培养的质量与水平，合理的课程设置无疑能够最大限度地促进人才的培养并使培养出来的人才满足社会的现实需求。甚为遗憾的是，从目前情况来看，绝大多数高校学前教育专业课程主要由教育基本理论、学前教育基本理论与技能、艺术类课程及教师教育实践课程构成，极少有反映地域特色和自身高校特色的地方课程和校本课程。这种局面的存在，使得不同高校的学前教育专业人才在培养规格层面看似多样而实质差异不大，导致当下高校学前教育专业毕业生难以满足现实社会对个性化、多样化学前教育人才的需求。此外，学前教育专业在课程设置上必修课程比重明显偏高而选修课程比重明显偏低以及理论课程明显偏多而实践课程明显偏少的现实，使得学前教育专业难以培养出当下社会所需要的复合型、应用型学前教育专业人才。

（三）教学方式有形无实

教学方式有广义与狭义之分。其狭义是指教学方法在运用时所呈现的细节或形式，其广义包括教学过程中所运用的教学方法和教学形式。本书取其广义。所谓教学方式有形无实，是指相关高校学前教育专业课堂上的教学方式在形式上普遍有了明显改革，但是其改革后的实质效果并不明显。比如，学前教育专业教师一般不再运用单一的讲授法或讲授方式，而基本能尝试运用讨论式或启发式等教学方式进行教学，甚至不少学前教育专业教师还努力尝试运用“自编节目”“学生小讲座”等教学方式引导学生主动学习与探索。然而，由于相关教师缺乏驾驭讨论式、启发式等教学方式所需要的理论素养与实践体悟，或由于相关教师缺乏应对变幻莫测的实际课堂所需要的教学艺术，“有讨无论”“有启无发”的课堂局面时常出现。

（四）培养制度不够健全

制度是“要求大家共同遵守的办事规程或行动准则”，是在一定条件下形成的管理体系。人才培养制度即在一定条件下形成的与专业人才培养有关的管理体系，是人才培养得以按规定顺利实施与达成的重要保障和基本前提。人才培养制度主要包括招生就业制度、教学管理制度（学分制度、实习制度）、教师聘任制度。拿招生就业制度来说，学前教育专业存在四大问题：一是盲目扩招与不慎降分使得学前教育专业生源质量降低；二是盲目进行专业调剂使得现实中消极就读学前教育专业的学生大量存在；三是入学时缺乏必要的面试筛选环节使得原本并不适合从事学前教育工作的学前教育专业学生并不鲜见；四是幼儿教师待遇普遍偏低及缺乏相应的就业保障等使得人数众多的学前教育专业学生毕业后并未从事学前教育工作。从教学管理制度来讲，学前教育专业存在的突出问题是并未真正落实学分制。目前，学前教育专业的修业制度仍是学年学分制，学生每年选修的课程门数受到限制，这样的修业制度明显不能兼顾学优生与学困生。就教师聘任制度而言，学前教育专业集中的问题是缺乏严格的教师聘任标准。现阶段由于学前教育学科发展较晚及现实中罕见兼备学前教育理论功底与学前教育实践经验的“双师型”教师，相关高等师范院校或设有学前教育专业的高校在聘任学前教育师资时经常无视或降低聘任标准。

（五）评价体系明显滞后

与人才培养模式相对应的评价体系是由评价主体、评价内容及评价方式等构成的一个整体。直至今日，与学前教育专业人才培养模式相对应的评价主体、评价内容及评价方式均有不同程度的滞后表现。在评价主体上，仍然是以单一的教师评价为主，缺乏以教师评价、学生小组评价及学生自我评价相结合的多元评价主体网络体系；在评价内容上，受传统“主知主义”思维方式的影响，学前教育专业不仅侧重理论考核，还侧重识记层面的考核内容，明显忽视或淡化了实践考核的内容；在评价方式上，学前教育专业仍然是以考试为主，缺少主题报告、演讲辩论、才艺展示和个性作品等表现性评价，这样的评价方式显然难以促进学生的个性发展与实践能力的提高。

第三节　当前学前教育专业培养的挑战

针对当下学前教育专业人才培养模式的局限，笔者认为，要想造就出满足当今社会发展，尤其是学前教育事业发展所需要的学前教育专业人才，理应从以下几个方面改革现有的学前教育专业人才培养模式。

一、培养目标“重‘本’务‘实’”

“重‘本’”是指重视本科层次学前教育专业人才的培养，使其有别于专科层次及中专层次学前教育专业人才；“务‘实’”是指致力于学前教育专业学生实践能力的培养，使其毕业后能够胜任学前教育工作，满足社会对学前教育人才的需求。

先说“重‘本’”。迄今为止，我国学前教育师资的学历水平大都处于中专层次，而随着学前教育事业和社会的发展，学前教育师资的学历水平必然需要不断提升，未来的幼儿教师不仅需要专业层次的学历，还需要本科甚至研究生层次的学历。从世界发达国家幼儿教育师资来看，具有硕士、博士学历的幼儿教师越来越多，例如美国和日本，博士担任幼儿教师已不鲜见。显然，我国学前教育专业必须重新定位培养目标。就学历而言，确定学前教育专业人才培养目标时，既要考虑学前教育专业学生发展的需要，又要考虑学前教育事业及社会发展的需要。立足当下我国学前教育事业及社会发展的实际，笔者认为，我国学前教育专业在人才培养目标层次上更应重视本科层次人才的培养。

再说“务‘实’”。毋庸置疑，当下我国学前教育专业毕业生的实践动手能力普遍较弱，其主因之一是各级各类设有学前教育专业的高校并未真正重视学前教育专业学生实践能力的培养。由于学前教育工作的实践性普遍很强（除纯粹从事学前教育理论研究之外），实践能力薄弱的学前教育专业毕业生，显然难以胜任学前教育工作。为此，在确立学前教育专业人才培养目标时，务必明确地将“实践能力”作为重要的培养目标。

二、课程设置“增‘选’强‘基’”

“增‘选’”是指增加选修课程的门数与课时；“强‘基”’是指加强专业基础课程建设，具体而言，就是要精练内容重复的专业基础课程并适当增设一些有助于学生从事学前教育一线工作及促进学前教育事业发展的课程。

先说“增‘选’”。从当下社会对学前教育人才的需求现实看，学前教育专业的毕业生远远不止于从事幼儿园工作，他们还可以从事学前教育研究，也可以从事家政服务、家庭教育以及幼儿保健机构和民间各类亲子园等处的相关工作，为此，在学前教育专业课程体系中增设一些与家政服务、家庭教育以及幼儿保健和亲子教育有关的课程以供学生选修，实属必要。

再说“强‘基’”。加强专业基础课程建设，首先要精练相关课程中部分重复的内容。比如，不少高校的学前教育专业同时开设了教育原理、中国教育史、外国教育史、学前教育学以及学前教育史等课程。其中，教育原理与学前教育学有许多重复知识点，而中国教育史、外国教育史与学前教育史中的诸多内容也有重复。不言而喻，理应删减重复的课程内容或干脆整合关系密切的多门课程使之变成一门课程。其次，要增设一些有助于扩大学生视界、厚实学生专业理论功底及提升学生专业实践能力的专业课程。比如，打破“三学六法”（“三学”，即幼儿卫生学、幼儿心理学和幼儿教育学；“六法”，即常识教学法、计算教学法、语言教学法、体育教学法、音乐教学法和绘画手工教学法）课程设置格局，增设学前教育科研方法、学前教育测量与评价、家政学、幼儿园游戏、幼儿玩具制作与指导、亲子沟通等专业基础课程。

三、教学方式“变‘形’求‘实’”

变“形”是指通过改革变化教学方式的形式；求“实”是指追求教学方式变革后的实效，即通过变革教学方式来提高教学的实际成效。教学方式“变‘形’求‘实’”是指，在改革学前教育专业人才培养过程中的教学方式时，不仅应该重视从形式上改革其教学方式，更应该重视改革之后的教学方式是否有助于教学实际成效的提升。

在目前高校普遍重视其教学改革的大背景下，学前教育专业教师已经普遍开始尝试打破过去惯用的“讲授式”教学，而代之以“讨论式”教学、“启发式”教学、“问题式”教学、“案例式”教学、“发现式”教学及“情景式”教学等形式为学前教育专业学生授课。不过，仅仅从形式上改革教学方式是难以促进教学实际成效提升的，尤其是不当的教学形式或许会阻碍甚至降低教学成效。只有注重教学方式变革的实际成效，才能通过变革教学方式的形式来保障教学实际成效。为此，教师在改革或变革教学方式之前，应该充分挖掘出教学内容并了解学生的当下学情，之后再通过比较并预期多种教学方式实施之后的成效加以选择，只有这样教学方式的改革才更有针对性和实效性。

四、培养制度“刚柔并济”

所谓培养制度“刚柔相济”，是指与学前教育专业人才培养有关的招生就业制度、教学管理制度及教师聘任制度，既应该坚持必要的刚性（严格管理），又应该坚持适度的柔性（弹性管理），做到该“刚”的“刚”、该“柔”的“柔”，即刚柔相济、相得益彰。

就招生就业制度来说，首先应该改革招生方式，从生源上既确保学前教育专业学生应具备必要深度与广度的文化素质和艺术素质，又确保学前教育专业学生应具备必要的“幼教情结”（热爱幼儿教育事业与幼儿教育工作）和“幼教性格”（与幼儿教育事业或幼儿教育工作匹配的性格），使那些真正愿意且有潜质从事幼儿教育事业与幼儿教育工作的学生进入学前教育专业学习；其次应该加大学前教育专业的就业宣传、就业指导与就业联络力度，尽可能使那些有意愿且有相应素质的毕业生都能进入学前教育领域工作或继续修读学前教育专业。

就教学管理制度而言，一方面，进一步改革当下普遍实行的学年学分制，真正落实完全学分制，既要保证学前教育专业学生拥有更多自主学习的空间与时间，又要保证学前教育专业学生拥有更多机会与精力充实自己所欠缺的知识与能力；另一方面，进一步改革当下普遍滞后的实习制度，将实习分成教育调查、教育观摩、教育见习、教育实习（毕业实习）四个环节，并将这四个环节分别设置在学生修业期间的不同学年之中进行，从而加强实习的连续性与一体化。此外，加强对学前教育专业学生的毕业论文或毕业设计的管理，进一步提升学前教育专业学生的实践能力。

拿教师聘任制度来讲，关键就是要严格学前教育专业教师的聘任条件。尽管现阶段很难聘任到兼备学前教育理论和学前教育实践的“双师型”教师，但也不能轻易降低聘任条件而随便聘任学前教育专业教师。目前，在现有学前教育专业教师普遍缺乏学前教育实践经验的局面下，除了通过某些相关政策引导或激励他们经常性深入学前教育一线进行实际体验外，还可以聘请一些具有师范教育背景的幼儿园优秀教师充实到学前教育专业教师队伍中来。

五、评价体系“多元综合”

从教育本体的视角看，教育评价的根本目的不是证明教育的结果而是改进教育的过程。就学理而言，教育是一个十分复杂的系统，为了最大限度地改进教育过程，无论是教育评价的主体，还是教育评价的内容，抑或是教育评价的方式，都应该坚持“多元综合”。否则，要么其中的单一因素难以主导教育过程的改进，要么其中的多个因素难以构成改进教育过程的合力。显然，学前教育作为一种专业教育，与其人才培养模式相对应的评价主体、评价内容及评价方式均应坚持“多元综合”。从评价主体上看，应整合学前教育专业教师、班主任、辅导员、学生小组、学生本人、实习单位（机构）的相关人士等多元评价主体，并立足于促进学前教育专业人才培养不断发展的立场整合他们的评价结果；从评价内容上看，应整合学生在校期间的各种理论学习、实践训练（包括人际交往、各类体育活动与课外活动、教育实验、教育见习、教育实习及毕业论文等），以综合评价学生的学业成就与个性发展情况；从评价方式上看，依据学前教育专业的特点，整合纸笔考试、实践考核、专题报告、演讲辩论和才艺表演及作品展览等多种评价方式，以全面、客观地评价学前教育专业人才培养的质量。

第五章　学前教育专业培养目标的改革策略

第一节　学前教育专业改革的背景

20世纪50年代以后，新科技的发展呈加速之势，导致科技知识累积激增、陈旧率加快、生命周期缩短。20世纪七八十年代以后，科技发展、知识更新的速度变得更快，信息量激增、社会经济结构调整速度加快，社会科技的加速发展不但对人才提出了量的要求，而且提出了质的要求。传统的“一次性教育”和人才培养方式已经不能适应社会的发展，教育如何适应社会的发展，如何培养社会发展所需的人才，取决于从事教育工作的人员——教师的专业素养和专业能力。因此，变革教师教育体制，提高教师专业素养和专业教育能力成为教育改革要解决的首要问题。

一、从“师范教育”到“教师教育”

1681年拉萨尔在法国创立了世界上第一所师资培训学校，师范教育从此诞生，这是教师职业专业发展制度的起点。在此之后的很长一段时间，教师职业教育主要在师范院校中进行，在入职前即完成。20世纪80年代起，美国掀起了教师专业化运动，教师专业化发展迅速成为教师职业教育发展的世界性潮流，促进了许多国家教师培养新制度的建立。这场世界范围内的教师教育变革使传统的师范教育呈现出新的特征和发展趋势：一是政府十分重视教师和教师教育；二是大力加强教师教育法制建设；三是积极推进教师教育体系开放；四是着力提高教师教育层次水平；五是充分重视教师教育质量；六是系统开展教师职后继续教育；七是不断强化教学实习实践环节；八是紧密联系基础教育教学实际，以切实提高教师教育质量，促进教师专业发展。“教师教育”成了对教师职前培养和职后培训的统称，它是在终身教育思想指导下，按照教师专业发展的不同阶段，对教师实施职前培养、入职培训和在职研修等连续的、发展的、一体化的教育过程，具有连续性、一体化与可持续发展的特征。由此可见，人才培养模式发生了重大变革，教师的培养逐渐以开放性、专业性和终身性的现代教师教育取代过去封闭性、理论性和终结性的传统师范教育，进入一个崭新的发展时期。

在世界性教师教育改革大潮的背景下，我国政府也日益认识到教师教育质量是保证高质量教育的基础。2001 年《国务院关于基础教育改革与发展的决定》明确提出要“完善以现有师范院校为主体、其他高校共同参与、培养培训相衔接的开放的教师教育体系”。2003 年我国颁布的《2003—2007 年教育振兴行动计划》指出，要“构建以师范大学和其他举办教师教育的高水平大学为先导，专科、本科、研究生三个层次协调发展，职前职后教育相互沟通，学历与非学历教育并举，促进教师专业发展和终身学习的现代教师教育体系”。我国的教师培养从“师范教育”时代进入“教师教育”时代，与发端于 20 世纪 60 年代美国师范教育领域的世界性职业教育发展改革热潮相比，我国的教师教育改革具有以下特征：

（一）人才培养模式从学科本位向能力本位转变

能力本位是一种现代教育理念，与传统的学科本位或知识本位教育有较大区别。它产生于 20 世纪 60 年代，强调培养学生的综合职业能力。当时美国人把对教育质量的不满归因于教师的教育教学能力不足，要求改革师范教育，提高教师与教学有效性相关的能力。1967 年，能力本位教育论提出，作为取代传统学科培养教师的师范教育的新方案，这种方案主张将对教师工作分析的结果具体化为教师必须具备的能力标准。该理念后来被传到加拿大成为一种现代职业教育理论，形成了提倡以能力为基础的职业教育体系，对世界职业教育产生了深远影响。能力本位职业教育理念于 20 世纪 80 年代逐渐被推广到欧亚及澳洲等许多国家，英国、澳大利亚等先后根据能力本位职业教育理念重新建构了本国的职业教育体系，将该理念推向了一个新的高度。

20 世纪 90 年代初，能力本位的人才培养模式被引入我国的职业教育领域，继而被推向教师教育领域。长期以来，我国的师范教育由于受苏联教育家凯洛夫的教育理论影响，已形成“以教为主”的学科本位或知识本位的教学模式。其主要缺点在于重教师轻学生、重知识轻能力、重理论轻实践、重应试轻应用、重占有轻创新等，以致培养出来的人才能力不足，不能满足实践的需要。随着“教师专业化”概念的提出，“教师教育”逐渐取代了传统的“师范教育”模式，人们已经意识到，只有消除学科本位教学模式的影响，树立能力本位的理念，把对能力的培养作为教师教育教学的根本目标，把学生形成的能力高低作为教师教育水平的基本衡量尺度，即将“能力本位”作为教师教育教学改革的基本价值取向，才能真正实现教师教育教学改革的有效性。直至今日，我国的教师教育改革已经走过了几十个年头，能力本位的培养理念已经成为人们的共识。

（二）人才培养呈现出一体化、多样性与开放性的特点

1949 年以来，我国的师范教育逐步形成了一个由师范学校、师范学院、师范大学组成的完整的教师职前培养体系。幼儿师范教育分为高师教育和中师教育两个办学层次。高师教育为中师教育培养师资，而中师教育培养一线幼儿教师。在国家教师教育体制的重大变革中，我国教师教育正在逐步实现从原三级师范（高师本科、高师专科、中等师范）向新三级师范（高师硕士、高师本科、高师专科）的过渡，提高教师教育的办学层次，建立

职前、职后一体化的教育模式，建立教师专业化发展方向，不断完善教师教育质量保障制度是当前教师教育改革的重要任务，教师教育模式呈现出多元化、开放性的特点。现在中师教育已经完成了历史使命，幼儿师范学校纷纷并入高等师范院校或升级为各类幼儿师范高等专科学校。幼儿教师职前培养渐以高师为主，并呈现出了多种学制并存的局面：一是五年制专科层次培养模式，招收初中毕业生，学制五年，培养具有专科学历的师资；二是三年制专科层次培养模式，招收高中毕业生，学制三年，培养具有专科学历的师资；三是本科师范院校培养模式，招收高中毕业生，学制四年，培养具有本科学历的师资；四是研究生学院培养模式，招收大学毕业生，学制两年，培养具有教育硕士学位的师资；五是中等师范学校或职业学校招收初中生，学制三年，培养具有中专或中职学历的师资。此外还有函授、自考等，形成了多种形式的学历教育体系。

与此同时，幼儿师资培养途径也由单一性向多样化转变，许多原来不承担幼儿教师培养任务的综合院校和中职学校也加入了教师教育的行列。多种类型教育机构参与、产学研相结合的开放性办学模式正在逐步形成。

（三）学历教育制度向双证书制度转变

教师资格制度是我国实行的一种法定的职业许可制度。只有依法取得教师资格、持有教师资格证书的人，才能被教育行政部门依法批准举办的各级各类学校和其他教育机构聘任为教师。为了鼓励兴办教师教育并保证教师队伍的质量，我国从 2000 年起全面推行并不断完善教师职业资格制度，我国的教师教育开始从学历教育制度向证书制度转变。为确保教师从业者的素质和专业水平。2012 年，我国统一采用国家标准进行教师资格考试，各级院校的幼儿教育专业毕业生不仅需要获得学历教育的毕业证，还必须参加严格的国家级考试，获得幼儿教师资格证方有从事幼儿教师职业的资格。

二、专科层次幼儿教师职前培养存在的问题

随着时代的发展，中华人民共和国成立以来实行的一整套师范教育制度已不能适应新形势的需要。教师供求关系的变化和人才调节方式已经发生了变化，教师教育的主要矛盾已经突出地表现为提高质量的要求与提高质量的能力的矛盾，表现为传统供求方式与市场调节方式的矛盾，教师教育由量的需求向质的需求转变已经成为不可逆转的趋势。构建与提高教师教育质量相适应的现代教师教育制度在全面建设小康社会的终身教育体系中具有不可替代的重要地位。由于现阶段我国对幼儿教师的学历要求已经由中专层次提高到大专层次，承担幼儿教师培养任务的学校也由原来以中专学校为主逐渐过渡到以大专院校为主。

2010 年 7 月颁布的《国家中长期教育改革和发展规划纲要（2010—2020 年）》提出了到 2020 年基本普及学前教育的目标，社会对合格幼教师资的需求激增，这种需求不仅包含迅速增长的量的需求，也包括了日益提高的质的需求。调查发现，目前师范学院培养的学前教育专业毕业生往往偏重于学术研究和理论素养，由于实践技能的弱化他们难以胜

任幼儿园的教育和保育工作，而中等专业学校的幼师专业毕业生虽然注重了技能的培养，但往往理论水平不够。幼儿园市场最看好的是具备一定理论、实践技能相对较强的富有爱心的专科层次毕业生。在这种需求的促进下，近些年来专科层次幼儿教师的培养规模增长迅猛，学前教育专业毕业生和在校生人数大大超过本科层次，占据了幼儿教师职前教育的半壁江山，已经成为名副其实的大众化高等教育，幼儿教师的职前培养进入以专科层次为主的阶段。专科层次幼儿教师培养机构尤其是各省市幼儿师范高等专科学校责无旁贷地承担起了大规模地培养幼儿教师的任务，已经成为幼儿教师职前培养的主力军。然而，由于专科层次的幼儿教师教育起步较晚，并且在招收学生的起点和学制类型上呈现出复杂化的新局面，有高中起点、初中起点，有“五年一贯制”和“3+2”学制，还有“2+3”学制，导致该层次的人才培养模式成为人们热议的话题，如何保证和提高专科层次学前教育专业人才培养的质量也成为备受关注的焦点。

由于长期处于受忽视的状态，专科层次学前教育专业的人才培养在理论上缺乏研究，在实践上倾向于照搬本科或中专层次学前教育专业的培养模式，还存在着专业化程度低，专业发展意识和专业发展能力弱，职业道德和职业技能不全面，文化理论素质不强，教育与科研能力不足，学历达标与能力达标有差距等问题，人才培养质量与就业市场需求之间仍有一定的距离，毕业生上岗需要较长的适应期，发展的后劲不足，不能很好地承担幼儿园课程深入改革和持续发展的重任。产生这些问题的直接原因是一些院校的人才培养没有真正贯彻以就业为导向、以能力为本位的教育理念，在人才培养目标和规格、课程体系与内容、教学方法与手段、师资素质与能力要求上存在误区。

（一）对人才培养目标与规格的认识有偏差

相当一部分培养专科层次幼儿教师的学校的观念并没有从知识型人才的培养目标上转变过来，对培养目标的认识不明确，对培养规格的定位不准确，缺乏适宜性、前瞻性和统筹性。

1. 培养目标定位不准，职前培养目标与职后培训目标脱节

一些院校不了解国家和社会对专科层次人才培养的要求，对专科层次人才培养的目标定位照搬本科；为社会和幼儿园服务的意识不强，缺乏了对于教育市场的调查了解，培养目标落后于当今社会学前教育发展形势的要求；在目标设置上缺乏教师教育职前职后一体化观念，教师成长各阶段培养目标的层次不分明、表述不具体，缺乏针对性。

2. 培养规格层次不清，没有体现专科层次的特点

由于长期以来受到“知识型教师”理念的影响，把教师看成知识的象征、理论的权威，缺乏针对专科层次生源素质状况和对专科层次培养目标的研究，专科层次人才培养规格沿袭本科院校系统传授教育类学科知识的传统，重视系统知识的掌握而忽略技能与能力的形成，没有体现专科层次的特点。有的院校忽视对职业能力与职业素养的要求；有的院校对艺术技巧要求接近专业化水平，对教育技能重视不足，普遍缺乏对学生的学习能力和反思

能力的重视。

（二）课程设置与内容选择不合理

一些高职院校的学前教育专业仍沿袭着传统的师范教育课程设置，受制于传统师范教育课程理论的滞后性、培养目标的模糊性和师范体系的封闭性三个因素，存在以下几个突出问题：一是课程设置的功能定位不明确，较多地偏向于专业知识的传授，忽视广博知识和知识探究方法的培养，造成了学生专业口径偏狭、知识面窄；二是课程体系与就业岗位要求有较大差距，专业教学没有完全结合幼儿园的实际需要，与职业资格证书联系不够紧密，传统课程多，与实际工作密切相关的课程少，课程设置滞后于幼儿园教育教学改革实践的要求；三是课程体系的内部结构不合理，课程的学科体系特点十分明显，过分追求学科知识的系统性、完整性，理论知识偏多、偏深，偏重于学术性，教学内容陈旧。“学”“用”脱节严重，“教什么”和“怎么教”的两类课程比例失调，各门课程自成体系，相关课程联系不紧密、关系不明确、内容陈旧且重复交叉；四是教师的职业性质体现不明显，职业理想塑造、职业知识教育与职业技能训练不够；五是没有突出实践性和职业能力的培养，实践课程明显不足，职业活动课程基本没有，实践项目与内容的选择不够科学。

（三）课程实施不到位

由于单一的灌输式教学方式仍然为主要的教学方式，师生之间很少交流，教学仍采用多年形成的传统方法，教学形式简单，不能适应社会的需要；实践课、技能课程管理没有纳入正轨，规章制度不健全；艺术课重技艺轻教法，既不适合高考招生模式下的生源现状，不利于大众化阶段的大班艺术教学，又不适合幼儿园教育的发展实际，更是错失了艺术的教育与创意价值。

（四）职业技能教学存在误区

过于追求艺术技能的专业化训练，未能突出对幼儿教师教育技能的培养，没有建立完整的技能教学体系，没有形成相应的考核制度和标准体系，没有采取相应的考核措施；学生参与实训意识不强、缺乏主动精神；对职业技能的实训不够重视。

（五）没有建立完整的实践教学体系

理论性课程与实践性课程割裂，实践教学未能形成包含目标、内容、实施与考评的完整体系，所学内容脱离实际，对实践的操作性指导不强，学生的能力成长缓慢；实习时间较短，实践教学设施设备投入不足，实践教学基地不足或者联系不紧密，校内无保教型和拓展型实习实训室，没能真正做到产学研结合和校企深度合作。

（六）“双师型”教师队伍尚未形成

师资队伍实践能力缺乏，一些新开设的课程缺乏相应师资，具体表现在两个方面：一方面指导教师数量明显不足；另一方面，指导教师的人员结构并不合理，太过于依靠本校具有一定理论素质的教师队伍的指导，忽略了对幼教机构拥有实践经验师资的利用。本校指导教师队伍的能力结构也存在问题，过于重视提升指导教师队伍的专业理论水平而忽略了丰富其学前教育实践经验。

究其原因在于长期受培养师范教育理论型人才目标的影响，多数专科层次幼儿教师职前教育机构在思想观念上还处于逐步转变时期，往往存在对培养机制的转型不够重视的问题，没有深入地剖析该层次人才培养工作所肩负的特殊使命与所应具备的特点，没有树立能力本位的教育理念；没有很好地研究职前职后一体化的问题以及职前教育本身在培养目标、课程设置、内容安排、教学方法、管理、考核与评价体系一体化等方面的问题；“双师型”师资队伍建设时间短、任务重，其步伐落后于增长迅速的招生规模。同时，虽然传统的幼儿师范教育模式有自己的制度保障及运行方式，但是转型中的幼儿教师教育新的模式尚处于探索期。原有的师范教育办学思想、教育理念、教育目标、专业建设、课程设置、课程体系及教学方式、教育质量监控和评价等，在向以终身教育思想、教师教育一体化等教育理念为内涵的教师教育转型过程中，被赋予了更多新的内容和含义，需要我们在转型动因的推动下，积极进行专科层次幼儿教师职前培养模式的探索和创新。

三、改革的思路

身处教师教育改革热潮中的专科层次幼儿教师职前教育在我国教育体制中属于高职高专系列，兼具师范性和职业性双重特性，是一种特殊的职业教育，与高等职业教育从生源素质到培养目标均属同一层次，体现教师教育与职业教育改革的共同特征。因此，专科层次幼儿教师职前教育改革应该基于职业教育，践行工学结合的改革理念，实行以就业为导向、以能力为取向的人才培养模式。

（一）与职后培训相衔接形成多层次、一体化的幼儿教师终身教育模式

专科层次幼儿教师教育必须从思想到行动上发生根本性的变革，以幼儿教师职业生涯发展规律为背景，以能力发展为主线，从幼儿教师职业胜任力出发，与职后教育互相衔接。建立起幼儿教师教育的职前、职后各层次在目标、内容和方法等方面既有所不同又具有共性和相互衔接性，既各有侧重又有内在联系的幼儿教师教育体系，促进幼儿教师的持续发展。

（二）以就业为导向，构建能力本位的人才培养模式

人才培养模式是在一定的教育思想观念的指导下，围绕教师教育目标，对教师培养过程中专业与专业方向、课程体系、培养内容、培养方法、质量监控等若干要素的科学设计与有机组合。一体化培养模式改革要求专科层次幼儿教师职前教育从教育目标与规格、课程体系与内容、教学方法与手段、教学管理、办学模式等多个方面全面突破传统的办学与人才培养模式，以就业为导向，建构能力本位的人才培养模式，将职业性与师范性并举，优化人才培养计划，深化课程改革，引入行动导向教学方法和体系；明确服务目标，调整公共课、基础课、专业课以及实践教学的课程比例，提高学生的教育教学技能，突出综合

性、强调实践性、增强适应性、体现职业性。培养终身学习的内在动力，注重学生综合素质的提高，促进学生身心和谐发展，构建师生共同成长的学习共同体。

1. 合理定位人才培养目标，设立多方向的学前教育专业群

将职前职后一体化的学前教师教育体系与学前教育机构的改革与发展紧密相连，依据幼教机构的人员需求和办园特色，依托由教育行业专家参与的专业建设指导委员会，以高职高专层次培养高端技能型人才为目标，贯彻国家对幼儿教师标准的要求，综合制定人才培养目标。根据教育职业群的岗位需要和学生需求灵活设计专业（方向）群，探索不同种类、不同层次技能型人才系统培养的制度和形式，包括了三二分段制专科、“2+3”学制专科、函授专科、函授本科等。采取“高升专”“函授专科”等形式，加强与其他中专层次联合办学，促进中等和高等职业教育两个不同办学层次的协调发展。

2. 以“工学结合”理论为指导，构建理论与实践一体化的人才培养模式

打破学科体系，设计和实施理论与实践一体化的课程。以典型工作任务流程组织和调整课程内容，删减冗余，弥补缺失；增加训练载体，强化职业能力。推行仿真教学、项目教学、案例教学、技能打包教学等教学新方法。推荐讨论式、探究式、协作式和自主学习，强化实践教学，加强信息化资源建设，构建网络学习平台。

推进以学生为中心的教学方式变革。以学生的发展为本，以显性知识学习和隐性知识的习得为主，以学生为中心，创造一切条件提高学生的自主学习能力，以便其适应未来职业的发展变化；积极推行与生产劳动相结合的教学模式，充分依靠幼儿教育行业，加强产学研合作，密切校企合作、工学结合，共同推进教学模式的改革创新。

强化专业技能与实践能力，建立完整的技能教学和实践教学体系。突出幼儿教师教学技能内容的实用性、针对性、可操作性；建立完整的技能教学体系，形成相应的考核制度和标准体系，采取相应的考核措施；形成实践教学目标、内容、实施与考评相结合的完整体系。将幼儿教师教育技能教学的课堂引入幼儿园教学的实际情境之中，课程内的实践（实训）环节遵循“能力本位”思想，“教、学、做”合一，“手、口、脑”并用，使学生在“学中做、做中学、学做结合”过程中提高实践能力。在实践教学方案设计与实施、指导教师配备、协同管理、实习实训安全保障等方面与幼儿园密切合作，提高教学效果。

注重培养职业能力。加强对幼儿教师职业道德与职业精神的研究，加大实践教学力度，实行“双导师制”，通过顶岗实习以及园长助理项目等实践活动，与幼儿园一线教师共同完成实践课教学任务；通过聘请行业专家开展讲座、演讲，师带徒等方式为校内实训创建真实的岗位训练，将职场氛围和企业文化引入校园；鼓励学生获得“双证书”，帮助学生零距离就业。

改革评价模式，以能力水平和贡献大小为依据，构建学校、行业、企业和其他社会组织等多方参与的学校教育教学评价模式。

3. 双向开发教师队伍资源，培育“双师型”队伍

一是调整师资队伍人员能力结构，充分利用实践经验丰富的幼儿园优秀教师资源，建

立兼职教师资源库，充实师资队伍实践指导力量；二是加大人才引进力度，通过校企合作培育校内现有师资，增加“双师型”教师队伍的数量，提高“双师型”教师的比例，从而提升“双师型”队伍整体素质及教师行业引领能力和技术服务意识。

4. 加大投入，强化实训基地建设

加大实践教学设施设备的投入，建设校内保教型和拓展型实习实训室，满足实践教学的需要。

第二节　学前教育专业改革的依据

一、政策依据

促进了教师教育的改革和发展，政府重视是前提，法规和制度保障是关键。以法律法规使教师教育制度化，通过教育立法和制度建设为教师教育提供法律和制度保障已经成为世界上许多国家共同的做法。为了保证师资素质、规范教师行为，落实《幼儿园教育指导纲要（试行）》，我国教育部相继出台了《幼儿园教师专业标准（试行）》《教育部关于开展中小学和幼儿园教师资格考试改革试点的指导意见》《教师教育课程标准（试行）》《3 ~ 6 岁儿童学习与发展指南》等四个政策文件，对于幼儿教师的能力素质与行为规范的要求从过去的低标准、宽要求、重理念引领，逐渐过渡到高标准、严要求、重操作指导。

（一）《幼儿园教师专业标准（试行）》是改革的政策依据

《幼儿园教师专业标准（试行）》指出，幼儿园教师是履行幼儿园教育工作职责的专业人员，需要经过严格的培养与培训，具有良好的职业道德，掌握系统的专业知识和专业技能。它是国家对合格幼儿园教师专业素质的基本要求，是幼儿园教师培养、准入、培训、考核等工作的重要依据。为贯彻落实《幼儿园教育指导纲要（试行）》中五大领域的教育目标、教育要求，在实际保教活动中落实指导要点，《幼儿园教师专业标准（试行）》从专业理念与师德、专业知识和专业能力三个方面对幼儿教师分别规定了 14 个领域 62 项应具备的能力素质标准，架构了教师需要具备的知识、能力和素质的基本结构，明确指出开展幼儿园教师教育的院校要重视幼儿园教师职业特点，加强学前教育学科和专业建设，完善幼儿园教师培养培训方案。该文件指出了合格的幼儿园教师应具备的基本专业素养，并引领和促进幼儿园教师的专业发展，为各幼儿教师培养院校调整培养理念、修订人才培养方案、优化课程体系在一定程度上提供了政策依据。

首先，该文件对幼儿园教师的师德与专业态度提出了特别要求，强调师德与专业态度是教师职业的基准线，确切提出要高度重视幼儿的生命与健康，并从专业态度、知识和能力三个层面提出了具体要求。

其次，该文件在专业能力方面的要求充分体现了幼儿园教育的突出特点和保教工作的基本任务，特别强调了幼儿园教师所必须具备的能力，如良好环境的创设与利用、幼儿一日生活的合理组织与保育、游戏活动的支持与引导以及教育活动的恰当计划与实施能力等，在基本要求层面充分反映了幼儿园教师必备的专业态度、知识与能力。该文件特别强调了幼儿园教师要将幼儿的生命安全和身心健康放在首位并具有相应的专业知识和能力，要掌握和尊重幼儿身心发展的年龄特点和个体特点，重视生活对幼儿健康成长的重要价值，重视环境和游戏对幼儿发展的独特作用，掌握幼儿园环境创设、一日生活安排、游戏与教育活动以及班级管理的知识与方法等。

再次，该文件充分体现出了幼儿园教师工作的基本特点，强调了幼儿园教师必须具备的教育教学实践能力，对幼儿园教师必须具备的教育教学能力提出了明确要求，特别强调幼儿园教师要具有观察了解幼儿、掌握不同年龄幼儿身心发展特点和个体差异的能力；要求幼儿教师能根据幼儿的特点和需要，给予适宜的指导，并能引发和支持幼儿的主动活动，引导幼儿在游戏活动中获得多方面的发展。

最后，重视幼儿园教师的反思与自主专业发展能力，强调幼儿园教师要具有不断进行专业化学习、实践、反思和提高的意识与能力，体现了现代社会发展、教育改革对教师的必然要求。

从《幼儿园教师专业标准（试行）》的基本内容与要求来看，专科层次学前教育专业的改革要培养学生形成幼儿教师必备的专业素质与水平，达到幼儿教师必备的任职条件，就必须强调学生的师德与专业态度的养成，强调知识掌握的综合性和广泛性，突出综合实践能力培养的重要性。然而，该文件毕竟是对幼儿教师需要具备的专业素质能力与行为规范的必然要求，是对幼儿教师终身学习需要达到的长期发展目标的总体要求，可以理解为是在幼儿教师的持续成长过程中逐步实现的。该标准并没有对幼儿教师的职前学习与职后发展各阶段应该达到的具体层次提出更为具体的目标和评估标准。各层次的教育机构还需要进行具体分析，按自身培养层次划定阶段性的具体培养目标，以便为评判幼儿教师及其培养机构的资质提供更为具体的标准和依据。与此同时，该文件的内容选择与所提要求还需要我们加以研究、加深理解，阐释标准的知识基础和专业价值观，明确幼儿教师应该具备怎样的表现、为什么要具有这些表现，从而理解该标准制定和产生的原因，分析标准的必要性，增强标准的可操作性，以深入理解标准的内涵和外延，将其与幼儿教师教育实践改革紧密结合。

（二）资格考试是改革的检验途径

2011年，我国教育部为保障教师质量、严把入口关，颁发了《教育部关于开展中小学和幼儿园教师资格考试改革试点的指导意见》，同时对考试内容加以改进，强化职业道德、心理素养、教育教学能力和教师专业发展潜质，并以此作为人才培养合格的基线指导幼儿教师教育改革。

幼儿园教师资格考试主要考查从事教师职业所必需的职业道德、专业知识与基本能力三个方面。合乎资格要求的幼儿教师必须具有先进的教育理念、良好的法律意识和职业道德，具有从事教师职业所必备的科学文化素养和阅读理解、语言表达、逻辑推理和信息处理等基本能力，掌握教育教学、学生指导（幼儿保育）和班级管理的基本原理和基本知识，能正确解决教育教学中的实际问题。具备学科教学能力，掌握专业领域的基本知识，掌握教学设计、教学实施和教学评价的基本原理和方法，并能在教学实践中正确运用。

幼儿教师资格考试规定了各级各类幼儿教师教育院校人才培养要达到的基本水平线，是对人才培养能否达到国家基本要求的检验标准。它是一种以实践为目标、以教学为核心的评价体系和考核制度，通过考试的方式使课程与专业标准的要求得以落实。这是实现《幼儿园教师专业标准（试行）》与《教师教育课程标准（试行）》的有效手段。教师资格考试制度的改革表明了国家通过严格管理以保证教师从业人员素质的决心，也为幼儿教师职前培养的目标规格和教学改革提供了基本依据。

（三）《教师教育课程标准（试行）》是改革的具体指导

贯彻执行《教师教育课程标准（试行）》是实现专业标准的途径。为落实《国家中长期教育改革和发展规划纲要（2010—2020 年）》的要求，深化教师教育改革，全面提高教师培养质量，建设高素质专业化教师队伍，推进教师教育课程改革和实施《教师教育课程标准（试行）》，2011 年 10 月《教育部关于大力推进教师教育课程改革的意见》颁布，对幼儿教师的培养提出了全新的要求，指出通过创新教师教育课程理念、优化教师教育课程结构、改革课程教学内容、改进教学方法和手段等方面的措施，推进教师教育课程改革。

《教师教育课程标准（试行）》针对我国教师教育课程的弊端，立足改革开放以来的改革实践，并借鉴国际教师教育的经验，将幼儿教师教育课程目标确定为，幼儿园职前教师教育课程要帮助未来教师充分认识幼儿阶段的特性和价值，理解“保教结合”的重要性，学会按幼儿的成长特点进行科学的保育和教育；理解幼儿的认知特点和学习方式，学会把教育寓于幼儿的生活和游戏中，创设适宜的教育环境，保护与发展幼儿探究、创造的兴趣，让幼儿在愉快的幼儿园生活中健康地成长。这一标准把课程内容分为六个学习领域，即儿童发展与学习，幼儿教育基础，幼儿活动与指导，幼儿园与家庭、社会，职业道德与专业发展，教育实践；建议开设幼儿认知与学习、特殊儿童发展与学习、教育哲学、课程与教学理论、学前教育原理、幼儿游戏与指导、教育活动的设计与实施、幼儿健康教育与活动指导、幼儿语言教育与活动指导、幼儿社会教育与活动指导、幼儿科学教育与活动指导等课程模块。文件还对不同学制的幼儿教师教育课程的学分与学时提出了不同的要求，规定专科和本科层次的学生在校期间的实习不少于 18 周；要求改革课程教学内容，把社会主义核心价值体系有机融入课程教材中，精选对培养优秀教师有重要价值的课程内容，将学科前沿知识、教育改革和教育研究最新成果充实到教学内容中，特别是应及时吸收儿童研究、学习科学、心理科学和信息技术的新成果；将优秀教学案例作为教师教育课程的重要内容；加强信息技术课程建设，提升师范生信息素养和利用信息技术促进教学的能力。

该课程标准凸显了三大改革原理："儿童为本"（教师学习的内容取向），这是"以人为本"在教育中的具体体现；"实践取向"（教师学习的实践性质），教师是反思性实践者；"终身学习"（教师学习能力的持续发展）。该课程标准提出了教师教育的三个目标，即教育信念与责任、教育知识与能力、教育实践与体会，强调实践取向的教师教育课程改革。专家指出，这次课程改革有五大特点：一是形式上由教学大纲改为课程标准，按照课程标准格式设计了目标领域，每个目标领域确立了三级教师教育的六大学习领域，每个学习领域有具体的目标和要求；二是强制性规定了各级各类教师教育机构人才培养方案中开设教师教育课程的比例和学分要求；三是目标领域和学习领域的基本要求全面反映了当代教育研究的新成果，基本清除了苏联教育学的教学计划、教学大纲、教科书概念，吸收了教师专业化和当代儿童心理研究的新成果；四是反映了基础教育改革对教师教育的新要求；五是课程模块化、活动化、少课时化。有专家认为，《教师教育课程标准（试行）》的颁布，标志着教师教育课程由长期存在的学科化、理论化、学术化向专业化、职业化、实践化的大转型。各幼儿教师培养院校的课程改革应该体现"育人为本、实践取向、终身学习"的新理念，在课程内容上涵盖以上六大学习领域，并依据自身的培养层次与目标各有侧重地安排相应的课程内容与学时。

（四）《3～6岁儿童学习与发展指南》是改革的重要参考

为深入贯彻教育规划纲要，落实《国务院关于当前发展学前教育的若干意见》，帮助广大幼儿园教师和家长了解3～6岁幼儿学习与发展的基本规律和特点，全面提高科学保教水平，2012年10月教育部印发《3～6岁儿童学习与发展指南》。要求切实把先进的教育理念和科学的教育方法落实到幼儿园保教工作的各个环节，渗透到学前教育专业的教学内容中。《3～6岁儿童学习与发展指南》彰显以人为本的理念，高扬尊重儿童的旗帜，从健康、语言、社会、科学和艺术这五个领域描述了幼儿的学习与发展。每个领域按照幼儿学习与发展最基本、最重要的内容划分为若干方面，每个方面分为两个部分。一是学习与发展目标，分别对3～4岁、4～5岁、5～6岁三个年龄段末期幼儿应该知道什么、能做什么、大致可以达到什么发展水平提出了合理期望，共32个目标。二是教育建议，根据幼儿的学习与发展目标，针对当前学前教育普遍存在的困惑和误区，列举了能够有效帮助和促进幼儿学习与发展的教育途径与方法，同时也指出了错误做法对幼儿终身发展的危害，为广大家长和幼儿园教师提供了具体的、可操作的87条教育建议。

《3～6岁儿童学习与发展指南》是《幼儿园教育指导纲要（试行）》的下位文件，是落实《幼儿园工作规程》和《幼儿园教育指导纲要（试行）》的具体指导，具有很强的操作性，能使学前教育工作者更加明确学前教育的理念、各年龄段五大领域教育的具体目标和相对应的教育措施。每一位幼儿教师都有正确理解和执行并向社会广泛宣传的责任和义务，因此必须将《3～6岁儿童学习与发展指南》中先进的教育理念与内容要求渗透学前教育专业课程内容中。

国家层面的重要文件从不同方面向幼儿教师教育培养机构表达了国家对合格幼儿教师培养的基本要求，从培养标准的确定到课程设置的指导。从教学内容的建议到培养效果的考核检验，为幼儿教师培养院校的人才培养提供了重要的参考和依据，以便于将国家对合格幼儿教师的要求落实到具体的课程与教学改革中。理解和把握这些文件精神，思考专科层次学前教育专业的课程改革，笔者有如下理解：

①专科层次学前教育专业课程必须以教师专业化为导向，树立“育人为本、实践取向、终身学习”的教师教育理念。

②专科层次学前教育专业课程需要从幼儿教师必备的专业素质结构的三个方面，即专业理念与师德、专业知识和专业能力来构建课程结构与内容，在课程设置上体现师德为先、能力为重的理念，进行能力本位的课程设计。

③专科层次学前教育专业课程必须遵循从实践中来、经过实践和到实践中去的规律，从幼儿教师职业的实际需求出发，全面改革幼儿教师职前教育课程体系，重视教学方法和实践课程体系的研究。

④在教学内容上要求重视《3 ~ 6 岁儿童学习与发展指南》中提出的教育理念、目标及教育措施，并渗透到各门专业课程的具体内容中。

二、学前教育专业改革的现实依据

制订人才培养方案，必须以当地用人单位的需求、用人单位对往届毕业生的评价与期望以及现有生源的素质现状为现实依据。从内蒙古民族幼儿师范高等专科学校（以下简称内蒙古幼专）这几年针对于用人单位与毕业生、新生素质的调研情况可知，专科层次幼儿教师职前教育的现状与用人单位的需求之间存在一定的差距。

（一）毕业生就业率及素质状况调查

近几年来我国幼儿教师的需求呈现出新的快速增长的总体趋势，专科层次师资的需求数量骤增。从内蒙古幼专学前教育专业 2010—2012 届毕业生的就业率来看，虽然毕业学生的人数年年增加，但就业率仍然逐年递增（图 5-1 所示），这在我国高等教育进入国际公认的大众化教育阶段后大学生就业难这一大背景下显得格外突出。

据图 5-1 显示，内蒙古幼专 2010 届毕业生共 301 人，就业人数为 273 人，就业率为 90.4%。2011 届毕业生共 346 人，就业人数为 327 人，就业率为 94.5%。2012 届毕业生人数为 439 人，就业人数为 434 人，就业率为 99.0%。

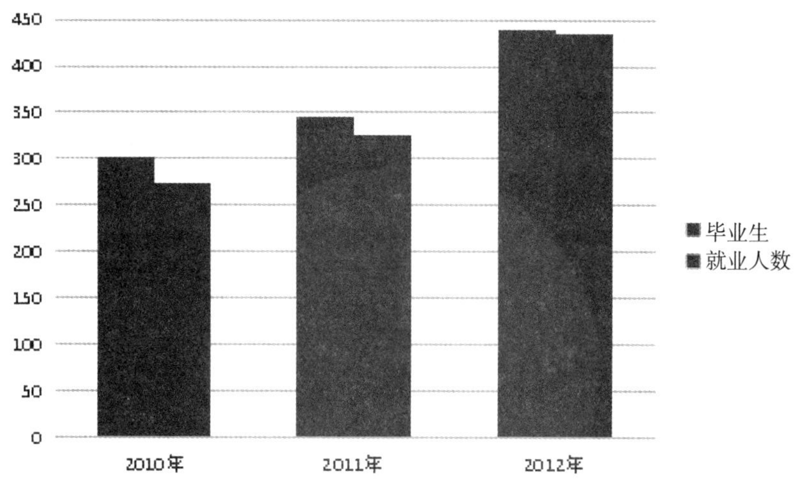

图5–1 内蒙古幼专2010届毕业生及就业人数

为了满足内蒙古“十三五”规划要求，弥补师资数量上的缺口，内蒙古幼专学前教育专业从2010年始在上级部门的要求下进行年年扩招（图5-2所示）。

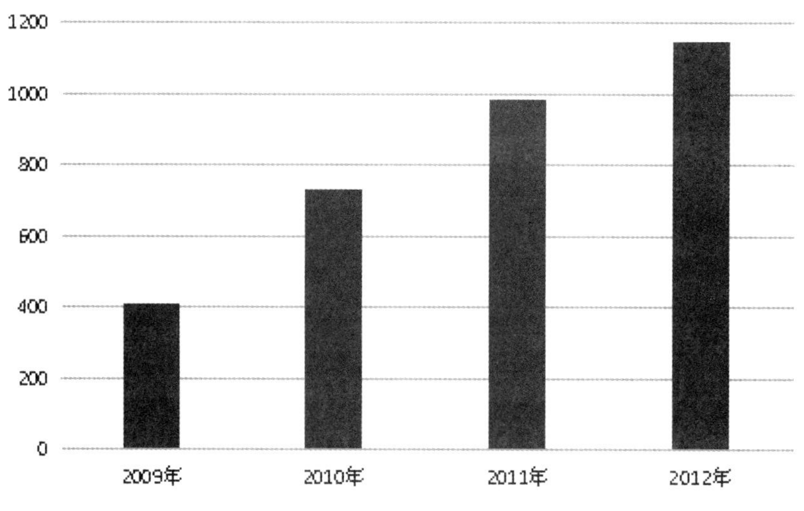

图5–2 内蒙古幼专历年招生规模

规模上的迅速扩张加剧了质量提升的压力。为了加强社会现实需求与学校人才培养的紧密衔接，了解用人单位对毕业生综合素质的总体评价和满意度，以及对学校就业指导工作的意见与建议，内蒙古幼专分别在2009年、2010年、2012年对录用内蒙古幼专毕业生较多的单位，采取问卷、走访、电话访谈等方法，对近几年的毕业生的情况进行了跟踪调查。

1. 调查概况

2009年6月，为了对内蒙古幼专毕业生的工作态度、专业能力自我提升、反思能力、资源开发能力、整合能力等方面进行问卷调查，笔者共向幼儿园发放问卷120份（其中35%为市示范园，22%为区示范园，24%为一般公立园，18%属于民营园），回收有效问卷 104 份，问卷有效率为 87%。填表人包括园长（占 60%）、教师（占 35%）和其他（占 5%）。

2009 年 11—12 月，笔者采取寄发调查问卷和电话跟踪的方式，对内蒙古幼专毕业生的工作态度、专业能力、沟通能力和对学校人才培养的建议等 11 个方面进行了调查。共向 30 个用人单位寄发了调查问卷，有 24 家用人单位给予了回复。

2010 年 7 月，向内蒙古各地幼儿园园长共发放问卷 300 份，收回有效问卷 259 份，调查毕业生以下几个情况：职业道德、专业技能（如说、弹、跳等技能）、环境创设能力、带班能力、家长工作能力、自我反思自学能力、观察和指导幼儿的能力、与幼儿沟通能力及与同事合作能力、设计组织教学活动能力、制作教玩具能力、理论知识（如幼儿卫生保育知识、幼儿心理学知识等）、文化知识（如基本的科学常识、历史知识、物理知识等）。

2012 年 11—12 月，主要采取现场调研、发放调查问卷、电话跟踪的方式，调查了用人单位对内蒙古幼专毕业生各项素质指标的评价、用人单位对毕业生总体素质的评价以及对学校人才培养的建议。共向 60 家用人单位发放了调查问卷，有 45 家用人单位给予了回复。

2．毕业生素质调查结果分析

为了反映内蒙古幼专学前教育专科毕业生素质的客观情况，笔者对从毕业生素质跟踪调查中获取的大量数据进行了总结处理，现将 2009 年、2010 年、2012 年四次的调查情况统计如下：

（1）2009 年 6 月对内蒙古幼专毕业生素质调查

工作态度。调查结果显示，85% 的毕业生具有较强的责任心和爱心，大多数热爱本职工作（图 5-3 所示）。

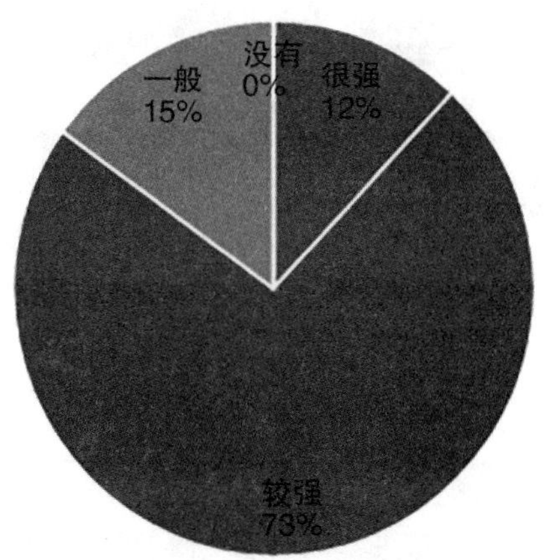

图5–3　毕业生的责任心和爱心

专业能力。从文化知识角度看，87% 的毕业生能较好地胜任工作（其中 18% 的毕业生在文化知识上能运用自如，69% 的毕业生尚不能运用自如），13% 的毕业生能勉强胜任（图 5-4 所示）。

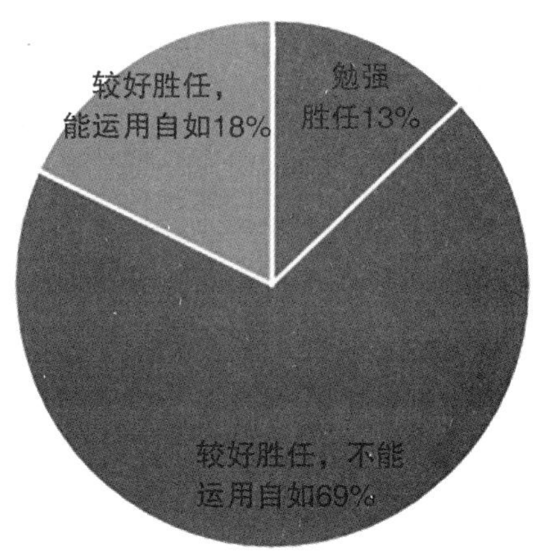

图5-4　毕业生的文化知识

对于理论知识的掌握，91%的毕业生基本能胜任工作（其中26%的毕业生能运用自如），然而9%的毕业生则能勉强胜任（图5-5所示）。

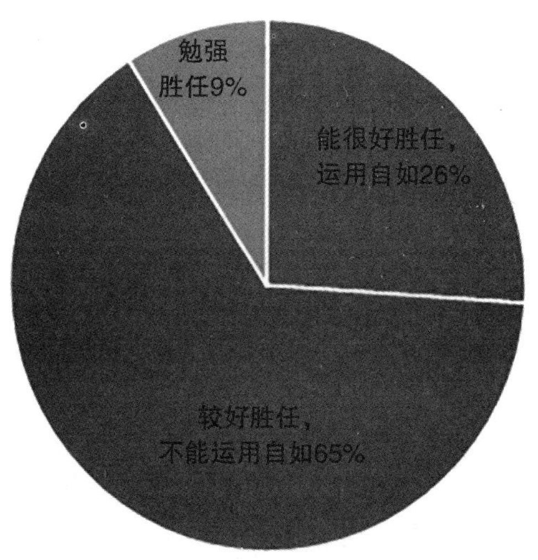

图5-5　毕业生的理论知识

对于活动组织的能力，29%的毕业生能组织所有活动，37%的毕业生只会组织集体教学活动，21%的毕业生只会组织日常生活活动，7%的毕业生只会组织游戏活动，3%的毕业生只会组织游戏、教学活动，2%的毕业生只会组织游戏、日常生活活动，还有1%的毕业生刚毕业什么活动都不会组织（图5-6所示）。

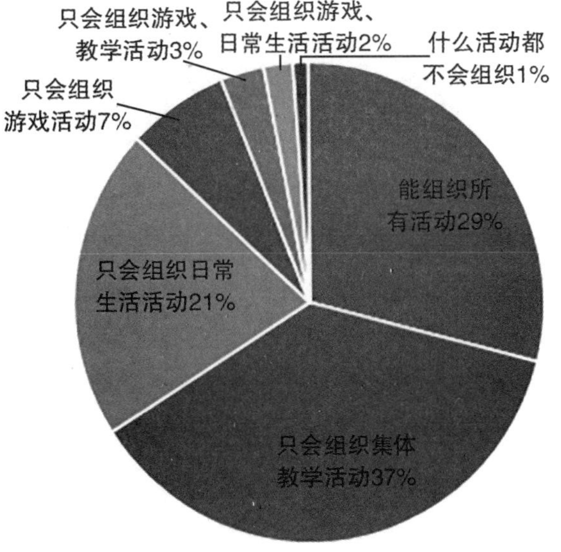

图5-6　毕业生会组织的活动

对于活动设计能力，60% 的毕业生基本能做到设计活动，39% 的毕业生能很好地设计活动，还有 1% 的毕业生不会设计活动（图 5-7 所示）。

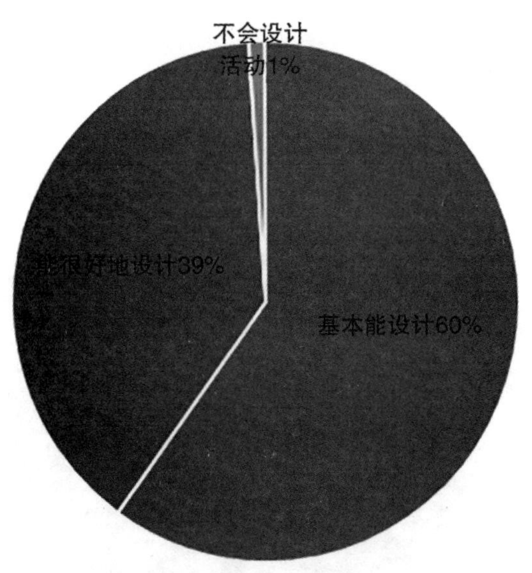

图5-7　毕业生的活动设计能力

对于专业技能的能力，91% 的毕业生能胜任，其中 31% 的毕业生能很好地胜任，7% 的毕业生勉强胜任，2% 的毕业生不能胜任（图 5-8 所示）。

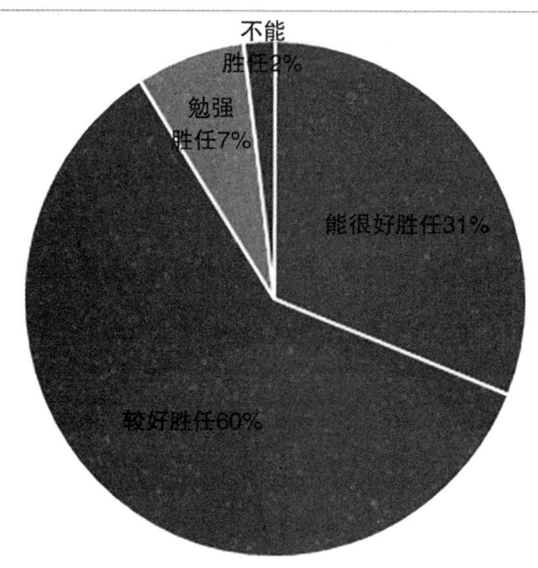

图5-8　毕业生的专业技能

对于环境创设能力，37%的毕业生注重艺术性，但不能突出幼儿特点；35%的毕业生教育性、艺术性并重；24%的毕业生注重教育性，但是艺术性不强；4%的毕业生不能进行环境创设（图5-9所示）。

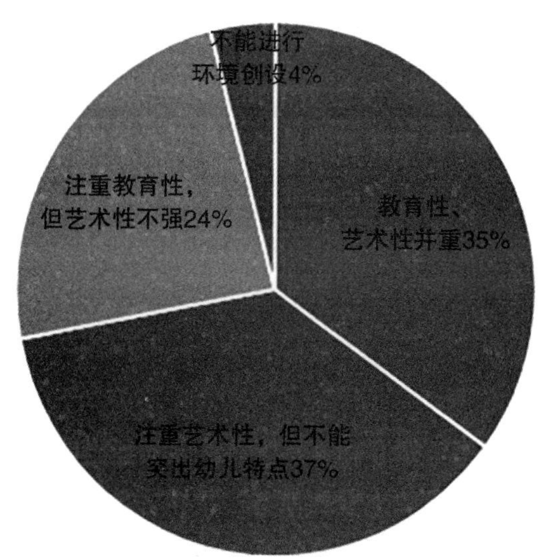

图5-9　毕业生的环境创设能力

对于教玩具制作能力，99%的毕业生能制作教玩具，其中57%的毕业生能很好地制作，33%的毕业生能制作教、玩具，但是其实用性不大，9%的毕业生能基本制作，但无使用价值，还有1%的毕业生不会制作（图5-10所示）。

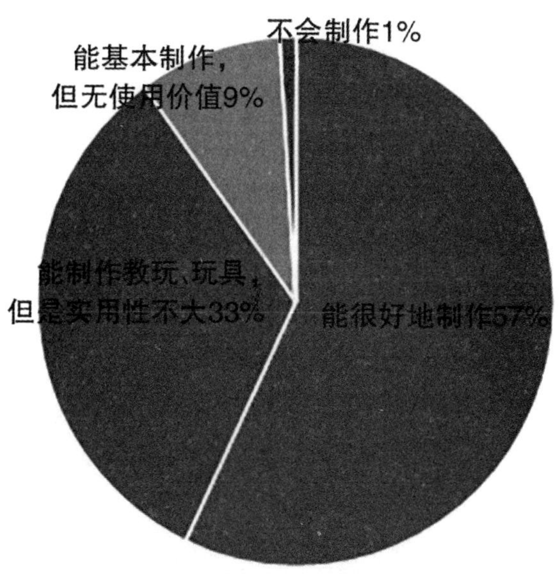

图5-10　毕业生的教、玩具制作能力

对于班级管理能力，38% 的毕业生班级管理能力较强，59% 的毕业生班级管理能力一般，2% 的毕业生缺乏班级管理能力（图 5-11）。

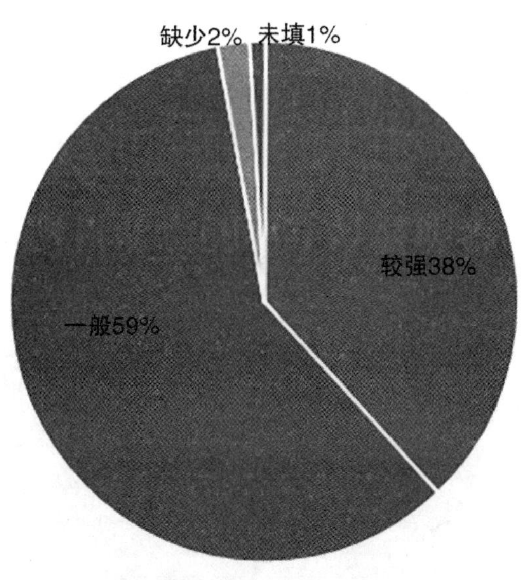

图5-11　毕业生的班级管理能力

在对幼儿的个别教育指导上，79% 的毕业生能对幼儿进行关注并且做出相应辅导，20% 的学生能关注幼儿但不能对其进行辅导（图 5-12 所示）。

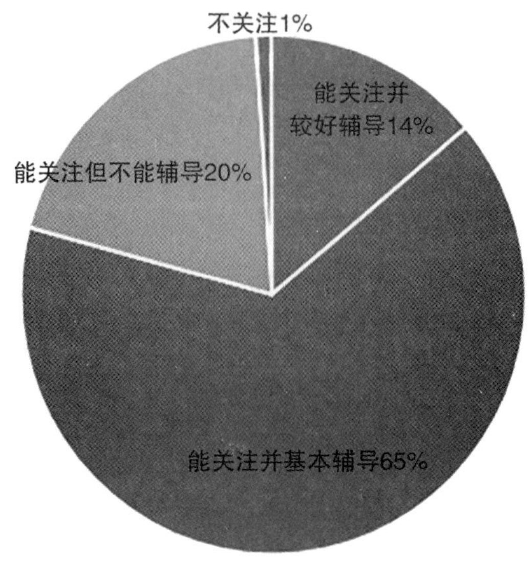

图5-12　毕业生对幼儿的个别教育能力

在观察和指导幼儿方面，98% 的毕业生有观察幼儿的能力，但是还有高达 55% 的毕业生指导欠佳（图 5-13 所示）。

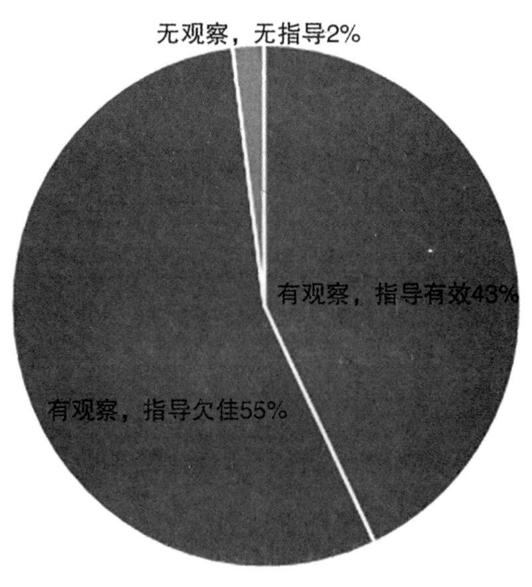

图5-13　毕业生对幼儿的观察、指导能力

在与幼儿的沟通方面，81% 的毕业生能与幼儿进行沟通交流，还有 17% 的毕业生需要在老教师的指导下才能够进行基本沟通（图 5-14 所示）。

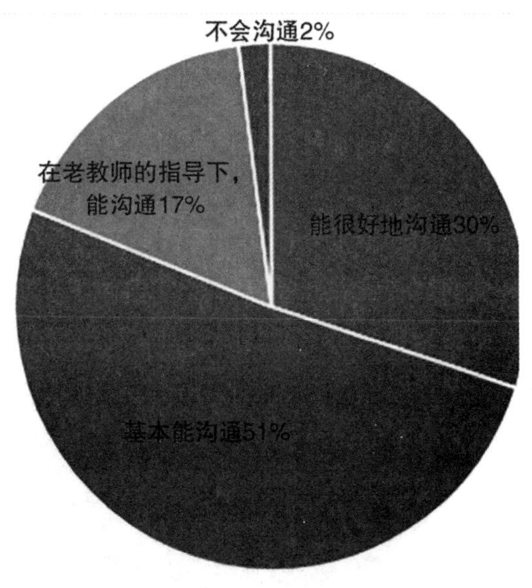

图5-14　毕业生与幼儿的沟通能力

自我提升能力。44% 的毕业生有自学习惯，能主动参与进修学习，19% 的毕业生经常阅读专业杂志，积极参与进修，36% 的毕业生能根据自身安排进行学习（图 5-15 所示）。

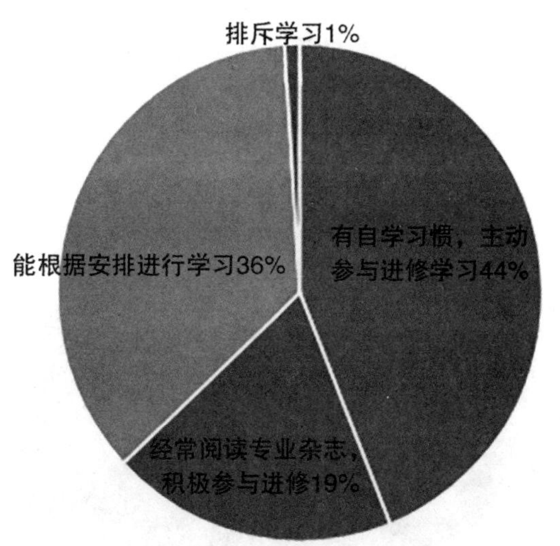

图5-15　毕业生的自学能力

反思能力。72% 的毕业生反思能力一般，25% 的毕业生反思能力相对较强（图 5-16 所示）。

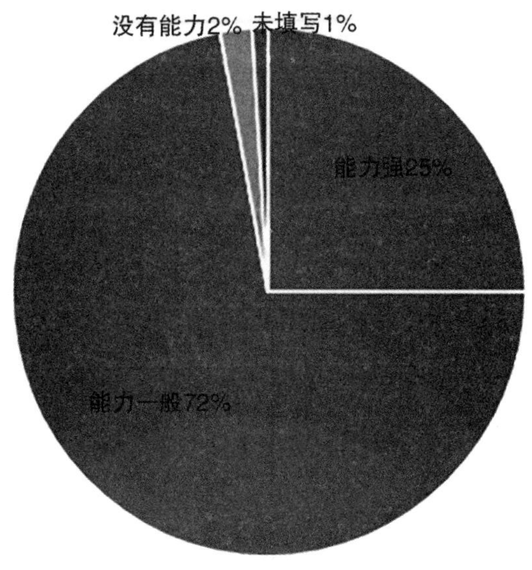

图5-16　毕业生的反思能力

资源开发与整合能力。资源包括了物质环境创设、向同事学习（合作）、家庭与社区资源的开发与利用等。86%的毕业生有意识并且会利用家长资源，62%的毕业生能够主动与同事进行合作并且互相学习（其中24%的毕业生具有较强的合作能力）（图5-17、图5-18所示）。

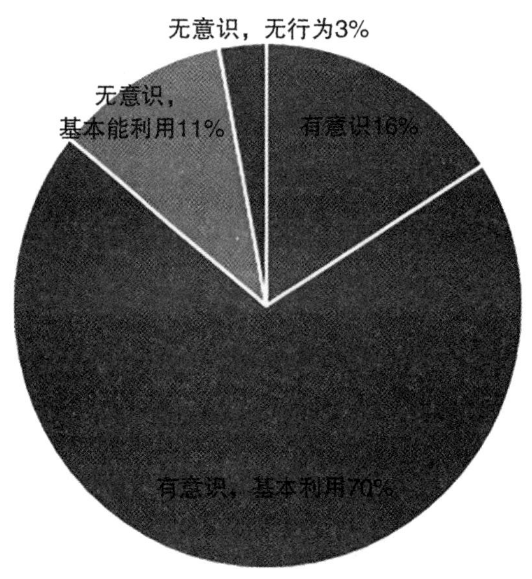

图5-17　毕业生利用家长资源的能力

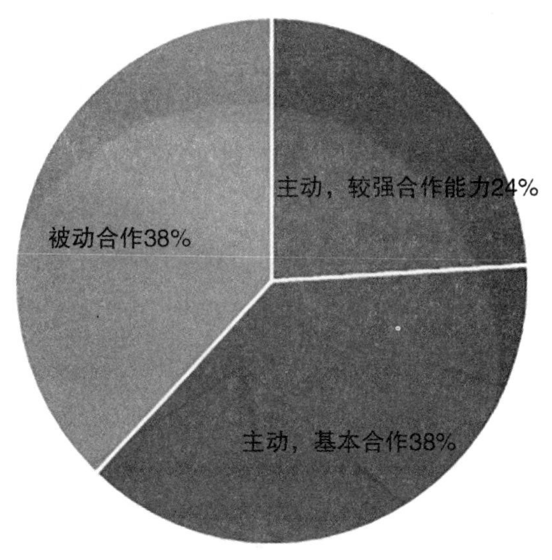

图5-18　毕业生与同事合作的能力

调查结果显示，内蒙古幼专毕业生在工作态度、自我提升能力、资源开发与整合能力等方面总体表现较好，然而在专业能力、反思能力、实践能力和合作能力等方面还有待提高。

在专业技能上，60% 的毕业生能胜任，但是不能运用自如；55% 的毕业生有观察行为，但是对幼儿指导能力欠缺；60% 以上的毕业生对于文化和理论知识不能运用自如；71% 刚毕业的毕业生不能全面组织活动；72% 的毕业生反思能力一般；59% 的毕业生班级管理能力一般，2% 的毕业生缺少班级管理能力；61% 的毕业生环境创设能力不能兼顾教育性和艺术性的原则；教玩具大部分毕业生都能制作，但是 42% 的毕业生制作的教玩具实用性不强或无使用价值；38% 的毕业生在人际关系上处于被动与同事合作的状态。

（2）2009 年 11—12 月对内蒙古幼专毕业生素质调查

数据分析显示，用人单位对内蒙古幼专毕业生的各项素质的评价都持较满意的态度，但是对于毕业生的一些素质评价却较差，例如沟通能力、文化知识以及合作能力。

（3）2010 年对内蒙古幼专毕业生素质调查

一本调查研究中主要罗列的素质有职业道德、专业技能（如说、唱、弹、跳等技能）、环境创设能力、带班能力、家长工作能力、自我反思自学能力、观察和指导幼儿的能力、与幼儿沟通能力和与同事合作能力、设计组织教学活动能力、制作教玩具能力、理论知识（如与幼儿卫生保育知识、幼儿心理学等）、文化知识（如基本的科学常识、历史知识、物理知识等）。

（4）2012 年对内蒙古幼专毕业生素质调查

数据显示，用人单位对毕业生各项素质的评价基本持满意的态度，但对沟通能力、创新能力素质指标评价较低。

3．毕业生素质调查结论

在毕业生素质调查中，用人单位普遍反映内蒙古幼专毕业生总体素质好。总而言之，大部分用人单位认可内蒙古幼专毕业生的工作能力，但是用人单位在肯定成绩的同时，也反映了少数学生存在的不足。

（1）优点与长处

专业“情意”高，价值取向明确。毕业生经过三年专业学习，对本专业的感情深厚，在工作中认真负责，有较强的事业心和责任感，对幼儿细心、耐心，尊重和信任幼儿，平等对待每一名幼儿；能以幼儿园教师专业标准严格指导规范自身的言行，爱岗敬业。

关注自身专业成长。毕业生在走上教育岗位之后，由于工作实践的实际需求，学习方式发生了很大的改变，从最初在求学时期的被动学习，逐渐转变为主动学习，有较强的求知欲，渴望通过学习获得专业上的快速成长。

善用资源，具备较高的整合能力。与家长沟通，是幼儿教育工作者所必须掌握的一项技能，而大多幼儿教育毕业生性格较活泼开朗，与家长有很好的互动，并能充分利用家长方面的资源辅助教学，调动家长参与幼儿园教育的兴趣以及热情。在实际工作中，毕业生还能做到充分利用周围环境中的物资，例如，通过与社区合作，为幼儿的发展以及自身的工作提供便利。

专业技能基本功扎实。在学校强调理论与实训并重的背景下，毕业生在专业技能方面基本都具备扎实的说、弹、唱、跳能力，并且在一线教学中能轻松地展现出来。

（2）缺点与不足

文化和理论知识掌握不够全面。内蒙古幼专毕业生在艺体专业技能方面表现突出，但不少单位反映，毕业生在专业文化和知识方面掌握不够全面，对于文化和理论知识不能熟练运用，表现在不能有效将理论转化为实践，理论对实践缺乏指导，会出现知其然不知其所以然的情况。

沟通与合作能力有待提升。毕业生的沟通合作能力主要体现在与园长、同事和家长的沟通与合作方面，即能够尊重理解家庭文化、园所文化，懂得与园长、同事和家长建立联系并获取支持。可以说，良好的沟通合作能力有利于促进学生入职后的专业发展。在调查中发现，少数毕业生在人际关系上处于被动与同事合作的状态，和家长的沟通交流及合作也缺乏技巧。这一方面是由于毕业生刚走上工作岗位，缺乏人际交往经验；另一方面，可能是毕业生家庭环境和教育中缺少与人沟通及合作的机会。

反思与创新能力欠强。内蒙古幼专毕业生不足的方面，还表现在反思能力和创新能力上。反思能力和创新能力是职后专业发展的重要推动力，毕业生步入工作岗位后应具有自学的能力和搜集信息的能力，进而能不断反思、不断创新，促进专业发展。从调查中了解到，对毕业生各项素质指标的评价中，反思能力和创新能力得分最低，用人单位反映学生在开展教育教学活动时缺少反思和创新。

（二）用人单位需求特点

1．由追求高学历向追求高能力方向转变

随着时代的发展，我国幼儿教师的学历水平有了大幅提高，幼儿教师学历层次虽然已经基本能够满足社会的要求，但有的幼儿园对高等院校培养出来的应届毕业生并不认可，认为他们是高学历低能力。例如，在调查中笔者发现，有的幼儿园宁愿要专科生不要本科生，还有的甚至因中专毕业生年龄小、可塑性强、职业忠诚度高，宁愿选择录用中专幼师生来解决本园的师资问题，在实践中培养能力，通过在职进修提高他们的学历。因此在当前幼儿教师培养过程中，如何提高学生的专业能力与职业忠诚度，将会是高等院校需要解决的重要问题。

2．由理论型向应用型方向发展

幼儿教师是实践型、应用型人才，综合素质的核心是要解决如何教的问题。学前教育首先要了解并认识幼儿的兴趣、爱好和发展特征，然后结合教育理论和教师自己的教学风格，最后产生最佳的教育策略。既然如此，就应该打好学生的理论基础，重视和强化基本技能的训练，不断会提高学生的综合素质修养，将技能培养作为幼儿教师的专业核心课程。

3．要求具有崇高的职业道德

崇高的职业道德既是幼儿教师不可缺少的素质，也是社会（用人单位）所看重的重要素质。职业道德以幼儿教师职业道德规范为内容，其中，忠诚于教育事业是职业道德的灵魂，热爱儿童、尊重儿童是职业道德的主要表现，教师之间的团结协作是职业道德的组成部分，为人师表是职业道德的核心，依法执教是职业道德的保障。

4．由推崇技能熟练者向反思型实践者方向发展

专科层次幼儿教师职前教育的主要任务是培养学生熟练的技能技巧，然而国家对幼儿教师的要求是“专家型的教师”，并不是教书匠，因此在熟练掌握技能的基础上，幼儿教师还要在教育实践中逐渐养成主动反思的习惯。只有学会反思，才有可能成为反思型实践家，最终才有可能成为教育家。由此可见，反思型是幼儿教师质量需求的新动向，在幼儿教师培养过程中应予以高度重视。

5．需要创新型的幼儿教师

我国需要创新型的人才，而创新型人才培养的关键在于教师。只有幼儿教师有创新能力，才能促进儿童创造性技能的发展。由于教育的复杂性，学前教育中存在着大量的问题，也需要一线教师参与到学前教育的研究工作中，这就会迫使教师要具有创新能力。

第三节　学前教育专业的培养目标与规格

高职高专院校专业人才培养的过程是确定专业培养目标与规格、构建工学结合人才培养模式、实施人才培养方案的过程。

一、幼儿教师教育的目的与职前阶段的教育目标

（一）“目的”与“目标”

《现代汉语小词典（第五版）》对两者的定义：“目的”是指想要达到的地点或境地、想要得到的结果；“目标”是指射击、攻击或寻求的对象，想要达到的境地或者是标准。在有意识区分两者的英文著述中，目的是比较抽象的，它强调结果，是某种行为活动的普遍性的、统一性的、终极性的宗旨或方针。目标则比较具体，它强调条件（或过程），是某种行为活动的特殊的、个别化的、阶段性的追求或目标。某一行为活动目的的最终实现有赖于诸多隶属的具体行为活动目标的实现，目的贯穿于各个具体目标之中，两者的区别是显而易见的。

（二）教师教育的目的与职前阶段的教育目标

教育目的是国家或社会对教育所要培养的人的质量规格所做的总体规定与要求，是在说明“为什么而教的问题”，它是教育活动的出发点和归宿，指导和支配着一切教育、教学活动。教育目标则是为了实现教育目的而对教育发展和教育活动提出的“要求”，是在表明“培养什么人的问题”。教育目标必须要服从于教育目的。

教师教育的目的在于促进教师对自身实践的反思，加深其对教学过程的理解，拓展其专业化发展的可能性。在当前幼儿园课改倡导以儿童的自主与能动发展为本，注重课程的生成性、活动性、探索性、整合性与开放性特征背景下，幼儿教师应该成为具有反思和观察、分析、解读幼儿行为的能力，具有课程开发与整合能力的研究型和创新型人才，成为自身实践的反思者。以教师的专业成长为主线，培养具有创新能力的研究型、反思型的幼儿教师是当今幼儿教师教育的目标。然而，研究型、反思型的幼儿教师的形成是教师接受终身教育和自身持续发展的结果，需要经历一个较长的过程。幼儿教师职前教育处于反思型幼儿教师成长的最初阶段，培养的是即将入职的准幼儿教师。

（三）幼儿教师职前教育培养目标的层级差异

我国新三级幼儿教师教育体系包括研究生阶段、本科阶段和专科阶段。虽然大都有着培养准幼儿教师的任务，但是因为生源不同、学制不同，各层次培养的目标有着较大的差别。

研究生阶段的教育多是从理论研究的角度确立目标，所培养的是以理论研究见长的专门人才，近些年来出现的实践型研究生教育，加强了对研究型人才在幼儿园实践工作能力

方面的培养。幼儿教育专业本科层次的人才培养目标立足于实践应用——理论研究向度，主要定位在两大方面。首先是培养一般意义上的幼教机构师资及管理人员，这类人才的专业素质主要包括熟悉幼儿园教育教学以及经营管理的工作环节和工作方法，明确学前教育的方针政策和保教工作的基本原则；具有扎实的学前教育专业基础知识、基本理论、基本技能和专业技能，具有较强的幼儿园教育、教学和管理能力；把握学前儿童发展规律和特点，具有观察幼儿、分析幼儿行为的基本能力，能够根据幼儿的特点及现实情境有针对性地实施教育教学和创造性地处理问题等。此外，学前教育本科还要为更高层次的研究生教育提供从事幼教理论与实践研究的生力军，为其他教研机构输送从事幼教理论与实践研究的专门人才。这类人才的基本要求包括比较系统地掌握有关学前教育方面的基本理论，了解本专业的前沿理论发展动态；树立正确的幼儿教育观，具有较强的分析问题和解决问题的能力；掌握从事幼儿教育科研工作的方法，具有浓厚的探究兴趣和一定的教研能力。

位于我国新三级幼儿职前教育培养体系中较为低端的专科教育，其生源素质较低、培养年限较短，其培养目标有别于其他层次，人才培养的整体模式也有很大的差异。高职高专院校应依据本校的条件与优势，找准自身定位，体现自身特点。

（四）专科学前教育专业培养目标

专科层次学前教育培养目标与规格的制定要考虑国家宏观政策、专科层次人才培养的特点、本地区本行业对人才的具体需求、生源的素质状况和本校特色等多种因素。依据以上诸多因素，内蒙古幼专的人才培养目标在培养“全人”的基础上做了以下考虑：

首先，专科学前教育专业的培养目标是高端技能型人才。2011 年 8 月教育部《关于推进中等和高等职业教育协调发展的指导意见》指出，“高等职业教育是高等教育的重要组成部分，重点培养高端技能型人才，发挥引领作用”。专科学前教育专业人才培养的特点如下：专科层次培养的人才是面向基层（城镇及农村幼儿园），具有必要的理论知识与较强实践能力的实用型、应用性的技能型人才；专科层次培养的人才层次是高级专门人才，比中等职业学校和中职、中专培养的人才的素质要高，是运用智力技能工作的人，即所谓的高端技能型人才；专科层次培养的人才将科学的教育理论和成熟的技术方法运用于现实的教育教学之中；专科层次培养的人才是基层第一线的教师。

其次，专科学前教育专业的培养目标是培养“零适应期”的准幼儿教师。调查结果显示，幼儿园对幼儿教师职前培养机构提出了培养“零适应期”幼儿教师的要求。所谓“零适应期”是指学生毕业后，不需岗前培训和适应期，进入幼儿园直接工作，“适应期”为零。这有利于幼儿园节约时间和资金成本，提高人才培养的效率。这就要求培养院校以学生就业岗位所需的综合能力为目标，采用科学合理的教学方式，使理论与实践紧密结合、产学紧密结合，使学生具有较强的实践能力。

再次，“零适应期”准幼儿教师必须具有基准化幼儿教师职业胜任力。专科层次基准化幼儿教师职业胜任力要求幼儿教师有方法能力、专业能力和社会能力，能基本胜任幼儿教师职业领域的典型工作。

最后，时代呼唤具有崇高职业道德与较强创新精神的教师。《幼儿园教师专业标准（试行）》对幼儿教师的师德与专业态度做出了特别的要求，强调师德与专业态度是教师职业的基准线。而在当前幼儿园课改倡导以儿童自主与能动发展为本，注重课程的生成性、活动性、探索性、整合性与开放性特征背景下，对幼儿教师的要求也由传统式的“工匠”转变为具有创新精神，能够反思和观察、分析、解读幼儿行为以及进行课程开发与整合能力的复合型人才。内蒙古幼专的毕业生跟踪调查显示，幼儿师资培养院校需要在人才培养目标与规格中重点强调学生的反思与创新能力，并在课程教学中加以改进。

综上所述，专科学前教育专业人才培养目标可以表述为培养德、智、体全面发展，具有崇高的职业道德、较强的创新精神和实践能力，具备基准化幼儿教师职业胜任力、与岗位需求“零距离”的高端技能型准幼儿教师。

二、专科层次幼儿教师职前培养规格

培养规格是指学生在接受了三年的专业学习与培训后所应达到的基本要求和能够胜任的某种职业领域的综合性工作。《中华人民共和国高等教育法》规定：“专科教育应当使学生掌握专业必备的基础理论、专门知识，具有从事本专业实际工作的基本技能和初步能力。”这里的“必备”“基本”“初步”反映了专科人才培养规格的特点。但是专科教育毕竟是高等教育，必须反映高等教育人才培养方面的要求。

在制定专科层次幼儿教师职前教育的培养规格时，应该考虑到以下几个方面：全面性。当代教师教育目标包括思想道德素质、科学文化修养、教育理论水平和教学能力健康体魄等方面。由此可知，我们应从教师职业道德与理想、职业能力、身心素质三方面来制定幼儿教师职前教育的培养规格。时代性。当今社会对教师的素质提出了更高的要求，教师不仅应具有参与时代进步的意识和能力，还应具有促进自身成长以及自觉研究的意识和能力。一致性。第斯多惠说过，“谁要是自己还没有发展、培养和教育好，他就不能发展、培养和教育别人”。教师要想将幼儿培养成全面发展的人，自己必须先在各方面发展成熟。衔接性。“教育者首先是受教育者。”幼儿教师职前的培养目标及所接受的教育，应与任职后所承担的培养幼儿的任务整合统一起来，以加速角色适应；同时，职前教育培养目标也要与职后教育衔接起来，构成一体化的完整教育体系。

根据国家对高职高专层次教育的要求和社会对幼儿教师的需求，专科层次幼儿教师职前教育主要以培养即将入职的幼儿园准教师为目的，在培养目标上定位为培养德、智、体全面发展、具备教师应有的职业道德与素养、具有基准化幼儿教师职业胜任力的高端技能型人才。

《幼儿园教师专业标准（试行）》指出，幼儿园教师是履行幼儿园教育工作职责的专业人员，需要经过严格的培养与培训，要具有良好的职业道德，掌握系统的专业知识和专业技能。该文件从专业理念与师德、专业知识和专业能力三个维度提出了合格幼儿教师应该具备的能力与素质要求。然而，专业标准是针对所有幼儿教师的合格要求，可以说是同时提出了幼儿教师在各个发展水平的共同价值和主题，并未分层分级设定幼儿教师不同发展阶段应达到的规格标准，没有具体指出与不同发展水平相适应的技能和知识的掌握所应该达到的水平与要求。

为实现专科层次幼儿教师职前培养的目标，参照国家的幼儿教师资格标准和用人单位对幼儿教师的要求，根据生源素质的实际状况与能力水平。笔者认为，专科层次幼儿教师职前培养的实用型人才的质量规格必须充分体现学前教育的“专科层次”特点，应让学生具备一定的幼儿园教育实践工作能力和基本工作经验，表现为不仅只是掌握一定的理论知识包括基础性知识、专业及相关专业知识以及社会经济法律知识等，还需要掌握具有一定复合性和综合性特征的实践能力，并且具备创新意识、开放与合作能力等。这种培养的规格从以下几个方面来设定：

第一，热爱祖国，掌握马克思主义的基本观点，了解建设中国特色社会主义的基本原理，树立科学的世界观、人生观。明确自己的职业定位，忠诚于自己所从事的事业，具有良好的职业追求和奉献精神，具有较高的职业理想和职业道德修养。了解教育政策法规，热爱、尊重儿童，为人师表，具有强烈的工作责任感。

第二，具有良好的个性心理品质、自我调节能力和积极向上的生活态度以及求实创新的科学精神，有一定的艺术欣赏和表现能力、自我发展能力，富有耐心、细心和责任心以及团队合作精神，具备较强的社会参与意识和良好的社会责任感。

第三，具备较宽泛的人文与自然科学基础知识和基本的现代信息技术知识，掌握必要的幼儿身心发展与教育理论、幼儿教育教学规律，树立正确的儿童观和教育观。

第四，基本掌握幼儿教师核心职业能力，包括环境创设能力、保育能力、教育能力、组织教育活动能力、表达能力、观察与评价幼儿能力、沟通交往能力以及一定的教育反思能力、初步的教育研究能力等。

第五，熟悉当代幼儿喜欢的游戏和文学艺术作品，具有讲、弹、唱、画、跳、手工制作等基本技能。

第六，具有良好的生活、卫生习惯和体育锻炼习惯，身体健康，达到国家大学生体质健康合格标准。

第六章　学前教育专业的课程设置

第一节　课程定位的原则

高职高专教育最显著的特点是职业性、技能性和实践性，要求将职业需求与学生能力发展作为课程设置的基础。课程设置是培养目标在课程计划中的具体体现。专科层次学前教育专业课程设置要尽可能突出“厚基础、宽口径、强实践、专艺术、重创新”的特点，使课程适应社会需要，提高学生的社会适应能力。因此，课程设置应该遵循以下原则：

一、能力本位原则

高等职业技术教育课程设置要求始终围绕培养学生的岗位职业能力这一核心，把知识传授与能力培养结合起来，把显性课程与隐性课程结合起来，以培养学生综合职业能力为中心；突出实践导向，注重学生一线岗位操作技能的培养。专科层次学前教育是一种高等职业技术教育，有鲜明的职业性、实践性及应用性，其课程设置应以满足幼儿园教师岗位能力要求为目标，通过行业、企业专家和学校专业骨干教师，对于岗位工作环节进行分析，对核心职业能力以及其支撑课程进行分析，优化衔接、定向选择和合理排序，以此来构建出课程体系，优化课程设置。

职业能力不仅指某种专门知识与技能，还是多种能力和品质的体现。专科层次学前教育在满足职业针对性和适用性的前提下，应扩充知识面，培养学生综合能力，使学生不仅具有满足幼儿园岗位需求的知识、能力和素质（尤其是职业道德素质），还具有较强的转岗能力和持续发展能力。

二、实效性原则

有限的学时与未来社会岗位要求的矛盾是当前高职教育中一个迫切需要解决的问题。如何在有限时间内安排好课程并最大化发挥课程的综合效应？如何在短短的两三年的学习中实现学生的一专多能？科学地设置课程、优化课程结构是重要保障。课程设置应遵循实效性原则，进行合理有效的整合和调配，在有限的课时里促进学生素质的全面发展，最大化培养学生的综合能力。

首先，课程设置是动态的，只有与时俱进才能真正成为适合行业发展的课程。学前教育专业的课程内容应该根据社会、市场需求的现状特点与变化趋势，结合学生水平做出相应调整。其次，处理好各课程之间的衔接关系。对重复的内容进行适当的取舍与调整，使课程之间相互独立又融会贯通。力争使学生从事本专业工作的各项基本能力得到高效的培养。最后，重视课程的整体功能，除了整合重复科目内容，还应该从基础课程部分中挖掘学科特色,进行专业改造,如在思想政治教育中增加一些幼儿教师必须掌握的法律和法规等。

三、实践性原则

教育部《关于推进中等和高等职业教育协调发展的指导意见》指出，“专业课程中实践教学一般不低于教学活动总学时的 40%”。实践性原则要求以职业实践活动为导向进行课程设置，遵循通过职业行动获取知识的认知规律，采用由外围向核心发展的结构，以养成学生现实的职业能力为课程主要目标；按照实践活动形成的需要选择理论知识和实践知识，以工作项目为单位、以职业活动进程为线索组织课程和教学内容；突出专门化实践能力的培养，彻底改变重理论、轻实践，理论在先、实践在后，理论是重点、实践是附庸的传统学科型教学模式的束缚。高等职业教育应该以就业为导向，打破以理论教学为主、实践教学为辅的传统教学模式，坚持理论“够用为度”原则，注重学生从直接体现的形式掌握新知识和新技能。课程建构时，削减一些针对性不强的理论课程，增设实践课程，主干课程的课程教学中必须要安排一定比例的实践教学课时，把各种实践教学活动落到实处，遵循“时间上贯穿、空间上扩展、课程中渗透”的“全实践理念”。

四、以人为本原则

课程设置要把发展人作为教育的出发点，以学生的发展性为本，适应学生的身心发展需要，充分满足学生的需要，致力于学生德、智、体、美的全面发展。课程设置既要顺应时代的社会经济发展的需要，又要考虑到学生自身发展的需要。在注重培养学生专业能力的同时，应适应不同学生的不同需要，重视其潜能的开发和个性的培养。可增设各种选修课，如文学、影视、国画、民族乐器及瑜伽等，帮助学生发展特长；还可以开设大量方向拓展类选修课，培养学生特长。采取灵活多样的措施和手段组织教学，实现课程设置的多样化和弹性化，只有这样才能充分考虑到学生的个性、特长、兴趣，并兼顾终身发展，把职业技能培养和个性充分发展有机统一，促进学生和谐发展。

五、特色性原则

高等职业教育课程设置需要彰显高职本身的特色，教学内容、课程体系要突出实用性、技能性和实践性，加强实践环节，增加就业针对性，使学生在掌握必要理论知识的基础上，具有熟练的职业技能和适应职业变化的能力。专科层次学前教育专业要从自身特点出发，紧跟市场步伐，根据专业特点，结合本校的定位、特色，灵活多样开设特色课程；积极和幼儿园合作开发体现工学结合特色的课程体系；积极推行案例教学、综合实践教学等有利于学生职业技能形成的教学模式的应用，探索多样化的高等职业教育教学模式；为确保教材的先进性、实用性和针对性，应该加快具有本校特色的教材建设，新建省级、校级等不同层次的精品课程，以适应自身教学需要。

为使学前教育专业毕业生能达到合格的幼儿园教师的专业水平标准，适应幼儿园的教育教学工作，实现人才培养与岗位需求的“零距离”，在国家发展职业教育和学前教育宏观政策的背景下，专科层次学前教育专业“理实”一体化课程体系需要依据职业教育课程体系的建构原则，在对幼儿教师岗位所需基本能力进行分析的基础上，对形成能力所需要的知识技能进行筛选，结合能力形成的实践途径重新建构；需要更新课程体系的结构，调整“教什么”和“怎么教”两类课程的比例；明确各门课程的功能定位，重新安排各门课程内容并形成相互关联的整体；全面加强职业理想塑造、职业道德养成和职业知识教育等训练，突出实践性和职业能力的培养，科学选择实践项目，对学前教育专业课程进行全面改革。

第二节　课程目标的确定与内容的筛选

课程是实现培养目标的重要手段，课程目标是为人才培养目标服务的。专科学前教育专业课程目标的设定应该面向整个职业，要把增强学生的职业适应能力和应变能力作为课程目标的基本要素，即以职业能力分析为基础，面向整个工作过程，把从业所需要的知识、技能、态度有机地整合在一起。把职业标准和能力要求转化成课程目标，形成“基本素质—职业能力—岗位技能”三位一体的课程目标模式。在培养职业核心能力的同时，要特别强调社会能力和发展能力，培养基本素质，使得学生既掌握做事的能力，又学会做人，既能迅速上岗，又有可持续发展能力和创新创业能力。

专科层次学前教育专业原有的课程设置严重落后，不能按照岗位和职业的需要培养急需人才，主要原因在于传统的“学科式”课程体系不注重学生职业能力的培养，学生无法独立完成岗位任务。只有构建以岗位需求为导向、以职业能力为核心的“理实”一体化课程体系，才能做到突显专科层次教育的特色，培养高端技能型人才，密切与实践一线的联系，最大化保持教学内容和岗位需求的一致性，实现课程建设与岗位需求“零距离”接轨，为学生奠定持久职业生涯发展的基础，并在课程体系的建设中使学校切实地融入社会，实现用知识指导实践、用技术服务社会的目标。

一、基于典型工作任务分析的岗位能力提炼

典型工作任务分析是体现以工作过程为导向的职业教育课程改革的典型特征，是学习领域分析的前提，是学习领域课程开发的具体化，在以工作过程为导向的课程建设中具有十分重要的作用。基于典型工作任务分析的高职高专课程开发与设计主要通过分析特定职业，确定其典型工作任务，并进行职业能力分析，归纳出行动领域，对职业行动能力的应

知、应会、应做的行动导向内容进行分组归类进行教学论加工，筛选出具有教学意义的目标和内容。

职业能力是一个多层次、多序列的结构。专科层次教育所强调的“能力”，主要是指综合的职业能力，它包括了态度、知识、技能，能标准有效地从事某项工作的能力，以及学习与自我发展等能力，其基本的构成要素包括专业能力、方法能力和社会能力。为了更好地服务于社会经济建设，更好地适应市场对各级各类技术人才的需求，在实施具体教学活动之前需要进行职业分析，详细了解专业所对应的相关职业的实际情况，分析和评估社会所提出的各种具体的实际需求，针对专业或者是工作中所覆盖的典型工作岗位或岗位群，提炼出幼儿教师所需具备的核心职业能力，为实施教学提供可靠的现实依据。

（一）幼儿教师核心职业能力

对幼儿教师职业活动领域进行梳理和分析发现，幼儿园教师需要承担的典型职业任务有六大类，分别是一日生活的组织与保育、游戏活动的支持与引导、教育活动的计划与实施、激励与评价、沟通与合作、反思与发展，其中包括了 23 项典型工作任务内容。

一日生活的组织与保育包括四种典型工作任务，即合理安排和组织一日生活的各个环节，将教育灵活地融入一日生活中；科学地照料幼儿日常生活，指导和协助保育员做好班级常规保育和卫生工作；充分利用各种教育契机，对幼儿进行随机教育；有效保护幼儿，及时处理幼儿的常见事故，出现危险情况优先救护幼儿。

游戏活动的支持与引导包括四种典型工作任务，即提供符合幼儿兴趣需要、年龄特点和发展目标的游戏条件；充分利用与合理设计游戏活动空间，提供丰富、适宜的游戏材料，支持、引发和促进幼儿的游戏；鼓励幼儿自主选择游戏内容、伙伴和材料，支持幼儿主动地、创造性地开展游戏，充分体验游戏的快乐；引导幼儿在游戏活动中获得身体、认知、语言和社会性等多方面的发展。

教育活动的计划与实施包括四种典型工作任务，即制订阶段性的教育活动计划和具体的活动方案；在教育活动中观察幼儿，根据幼儿的表现和需要，调整活动，给予适宜的指导；在教育活动的设计和实施中体现趣味性、综合性，灵活运用各种组织形式和适宜的教育方式；提供更多的操作探索、交流合作、表达表现的机会，支持和促进幼儿主动学习。

激励与评价包括三种典型工作任务，即关注幼儿日常表现，及时发现和赏识每个幼儿的点滴进步，注重激发和保护幼儿的积极性、自信心；有效运用观察、谈话、家园联系、作品分析等多种方法，客观地、全面地了解和评价幼儿；有效运用评价结果，指导下一步教育活动的开展。

沟通与合作包括五种典型工作任务，即使用符合幼儿年龄特点的语言进行保教工作；善于倾听，和蔼可亲，与幼儿进行有效沟通；与同事合作交流，分享经验和资源，共同发展；与家长进行有效沟通合作，共同促进幼儿发展；协助幼儿园与社区建立合作互助的良好关系。

反思与发展包括三项典型工作任务，即主动收集分析相关信息，不断进行反思，改进保教工作；针对保教工作中的现实需要与问题，进行探索和研究；制订专业发展规划，不断提高自身专业素质。

依据以上幼儿教师典型工作任务要求，基准化幼儿教师能力需要具备的专业能力即核心职业能力有七项，即环境创设能力（B1）、保育能力（B2）、教育能力（B3）、活动组织能力（B4）、表达能力（B5）、观察和评价能力（B6）、初步的反思以及研究能力（B7），如表 6-1 所示。

表 6–1　幼儿教师和新职业能力分析

职业任务		核心职业能力
一日生活的组织与保育	1. 合理安排和组织一日生活的各个环节，将教育灵活地渗透到一日生活中 2. 科学照料幼儿日常生活，指导和协助保育员做好班级常规保育和卫生工作 3. 充分利用各种教育契机，对幼儿进行随机教育 4. 有效保护幼儿，及时处理幼儿的常见事故，危险情况优先救护幼儿	B1环境创设能力 B2保育能力 B3教育能力 B4活动组织能力 B5表达能力 B6观察与评价能力 B7初步的反思与研究能力
游戏活动的支持与引导	5. 提供符合幼儿兴趣需要、年龄特点和发展目标的游戏条件 6. 充分利用与合理设计游戏活动空间，提供丰富、适宜的游戏材料，支持、引发和促进幼儿的游戏 7. 鼓励幼儿自主选择游戏内容、伙伴和材料，支持幼儿主动地、创造性地开展游戏，充分体验游戏的快乐 8. 引导幼儿在游戏活动中获得身体、认知、语言和社会性等多方面的发展	B1环境创设能力 B3教育能力 B4活动组织能力 B5表达能力 B6观察与评价能力
教育活动的计划与实施	9. 制订阶段性的教育活动计划和具体活动方案 10. 在教育活动中观察幼儿，根据幼儿的表现和需要，调整活动，给予适宜的指导 11. 在教育活动的设计和实施中体现趣味性、综合性，灵活运用各种组织形式和适宜的教育方式 12. 提供更多的操作探索、交流合作、表达表现的机会，支持和促进幼儿主动学习	B1环境创设能力 B3教育能力 B4活动组织能力 B5表达能力 B6观察与评价能力
激励与评价	13. 关注幼儿日常表现，及时发现和赏识每个幼儿的点滴进步，注重激发和保护幼儿的积极性、自信心 14. 有效运用观察、谈话、家园联系、作品分析等多种方法，客观地、全面地了解和评价幼儿 15. 有效运用评价结果，指导下一步教育活动的开展	B3教育能力 B5表达能力 B6观察与评价能力 B7初步的反思与研究能力
沟通与合作	16. 使用符合幼儿年龄特点的语言进行保教工作 17. 善于倾听，和蔼可亲，与幼儿进行有效沟通 18. 与同事合作交流，分享经验和资源，共同发展 19. 与家长进行有效沟通合作，共同促进幼儿发展 20. 协助幼儿园与社区建立合作互助的良好关系	A1职业道德 A2法律责任 A5沟通能力 A6与人合作 B5表达能力 B6观察与评价能力
反思与发展	21. 主动收集分析相关信息，不断进行反思，改进保教工作 22. 针对保教工作中的现实需要与问题，进行探索和研究 23. 制订专业发展规划，不断提高自身专业素质	B6观察与评价能力 B7初步的反思与研究能力

（二）幼儿教师综合职业能力

职业能力是专业能力、方法能力和社会能力相互融合、相互支撑的集成体，包含职业道德、沟通交流、团队协作、责任意识、诚信品质以及敬业精神等为表征的社会能力。根据国家和社会对教师职业的要求和幼儿教师应该具备的核心职业能力，新手教师应该具备的综合职业能力包括社会能力、专业能力和发展能力三个基准化能力，具体包括20个能力单元。结合教师职业所应具备的职业道德（A1）、法律责任（A2）、健康安全（A3）、环境保护（A4）、沟通能力（A5）、与人合作（A6）等六项社会能力，收集、整理和使用信息的能力（C1）、职业发展的自我反思与修正能力（C2）、获得相关职业技能能力（C3）、心理承受能力（C4）、解决问题能力（C5）、外语应用能力（C6）和创业与创新能力（C7）等七项发展能力，以及幼儿教师的七项核心职业能力，幼儿教师需要具备的20种综合职业能力（关键能力），如下表6-2所示。

表6–2　幼儿教师综合职业能力

能力模块	核心职业能力
社会能力	A1职业道德、A2法律责任、A3健康安全、A4环境保护、A5沟通能力、A6与人合作
专业能力	B1环境创设能力、B2保育能力、B3教育能力、B4活动组织能力、B5表达能力、B6观察与评价能力、B7初步的反思与研究能力
发展能力	C1收集、整理和使用信息的能力、C2职业发展的自我反思与修正能力、C3获得相关职业技能能力、C4心理承受能力、C5解决问题能力、C6外语应用能力、C7创业与创新能力

二、基于岗位能力分析的课程目标确定与内容筛选

（一）课程目标的确定

专科三年的培养过程分两个阶段进行。一、二年级以“完成校内专业教育”为目标，以“够用、适度”为原则，要求学生掌握通识类基础知识、专业类的基础知识与单项技能。第三年进入“入职教育”阶段，通过综合实践教学活动，让学生把握各种教育行为规律，了解教育行为背后的理论价值，综合运用教育技能，实践学前教育教学方法，并且通过实践后的总结反思将隐性知识上升为显性知识，从而成为基本具有23项幼儿教师综合职业能力规格的新手教师（表6-3）。

表 6–3　幼儿教师职前教育课程目标

<table>
<tr><th>总目标</th><th colspan="4">阶段性目标</th><th>核心职业能力</th></tr>
<tr><td rowspan="4">新手教师</td><td rowspan="2">一、二年级</td><td rowspan="2">校内通识教育与专业教育</td><td>知识目标</td><td>以够用、适度为原则要求学生掌握通识类基础知识、专业类的基础知识</td><td rowspan="4">A社会能力：职业道德（A1）、法律责任（A2）、健康安全（A3）、环境保护（A4）、沟通能力（A5）、与人合作能力（A6）
B专业能力：环境创设能力（B1）、保育能力（B2）、教育能力（B3）、活动组织能力（B4）、表达能力（B5）、观察与评价能力（B6）、反思能力（B7）、研究能力（B8）和社会交往能力（B9）
C发展能力：收集、整理和使用信息的能力（C1）、职业发展的自我反思与修正能力（C2）、获得相关职业技能能力（C3）、心理承受能力（C4）、解决问题能力（C5）、外语应用能力（C6）、创业与创新能力（C7）</td></tr>
<tr><td>技能目标</td><td>掌握18项单项技能</td></tr>
<tr><td rowspan="2">三年级</td><td rowspan="2">入职教育</td><td>知识目标</td><td>掌握各种教育行为规律，了解教育行为背后的理论价值</td></tr>
<tr><td>技能目标</td><td>综合运用教育技能，实践学前教育教学方法</td></tr>
</table>

（二）课程内容的筛选

专科层次学前教育专业的专业课程由学科知识课程、技术方法课程、职业活动课程及专业拓展课程构成。首先，在分析幼儿教师职业活动的基础上确定 23 项幼儿教师典型工作任务，从中归纳出了幼儿教师职业需要的 7 项职业行动能力，然后进行从行动领域向学习领域的转换，从中筛选出形成这些职业行动能力所必需的学科知识与技术方法，并将此作为学生必须掌握的专业课程内容，经过对课程内容的分类、组合，成为学前教育专业的学科知识课程、技术方法课程，让学生将各阶段掌握的知识与技术通过从事相关典型职业任务的实践活动上升为职业行动能力。最后，通过专业拓展课程让学生根据自身的能力特长与兴趣爱好，通过选修的方式对所掌握的职业能力进行拓展提升，最终形成专科学前教育专业的“理实”一体化课程体系。

作为学前教育专业课程主要目标的七大幼儿教师核心职业能力的培养，需要学生具备与幼儿园教育教学相关的 16 项学科知识内容、18 项技术方法内容，并且从相应的 17 门学科课程或技能方法课程中学习和掌握。

例如，环境创设能力（ Bl）的培养。环境创设能力的发展需要学生掌握一定的知识与方法，包括了解不同年龄幼儿身心发展特点、规律和促进幼儿全面发展的策略与方法。了解幼儿在发展水平、速度与优势领域等方面的个体差异及教育策略与方法、幼儿园环境创设的知识与方法等；要求学生掌握根据主题创设环境和教、玩具制作的方法技能。这些学科知识与技能方法分布在相应的学科知识课程和技能课程之中，需要学生通过校内课堂教学、实训和相应的职业活动课程，完成主题创设环境和教、玩具制作的工作任务，以及综合实践活动的实践。

1．学科知识的筛选与对应的课程（表 6-4）

学前教育专业不同于高职教育的其他专业，它培养出来的人才在很大程度上担负着培养人的任务，因此其教育教学基础知识应该具有一定的前瞻性、理论性和科学性。为使学生能科学地组织教育、教学、研究和管理等各项工作，并充分考虑到学生的转岗、自学教育以及继续深造等各方面的理论衔接，学科知识课程不仅要使学生增加专业知识、理解技能方法、掌握教育规律，还要构建学生专业能力的框架和支撑点，使之成为其研究能力和反思能力生长的基础。

2．技术方法的筛选与对应的课程（图 6 -1）

教育既是科学又是艺术，幼儿教师岗位工作的完成需要多种多样的技术方法。技术方法课程设置的筛选方式需要从课程目标能力出发。比如课程目标“环境创设能力”对美术、环境创设与教玩具制作方法的要求比较高，因而需要在课程方案中设置幼儿园环境创设与教玩具制作、美术课程。

3．职业活动课程的筛选与对应的课程（图 6-2）

职业活动课程的建构是基于“做中学”的教育理论，以课程目标为导向，在职业活动体系中筛选出一些典型的职业任务，以岗位的典型任务作为课程内容。比如幼儿教师保育能力主要体现在接待家长与幼儿、晨检、三餐一点、早操、午睡、清洁卫生及安全卫生等典型的职业任务中，完成这些典型任务就构成了一门职业活动课程——保育实习，通过该课程的实施实现保育能力的培养。

表 6–4　学科知识的筛选与对应的课程

核心职业能力	课程内容	学科课程	其他课程
B1 环境创设能力 B2 保育能力 B3 教育能力 B4 活动组织能力 B5 表达能力 B6 观察与评价能力 B7 反思能力	1. 了解关于幼儿生存、发展和保护的有关法律法规以及政策规定 2. 掌握不同年龄幼儿身心发展特点、规律和促进幼儿全面发展的策略与方法 3. 了解幼儿在发展水平、速度与优势领域等方面的个体差异，掌握对应的策略与方法 4. 了解幼儿发展中容易出现的问题与适宜的对策 5. 了解有特殊需要幼儿的身心发展特点及教育策略与方法 6. 熟悉幼儿园教育的目标、任务、内容、要求和基本原则 7. 掌握幼儿园环境创设、一日生活安排、游戏与教育活动、保育和班级管理的知识与方法 8. 熟知幼儿园的安全应急预案，掌握意外事故和危险情况下幼儿安全防护与救助的基本方法 9. 掌握观察、谈话、记录等了解幼儿的基本方法 10. 了解0～3岁婴幼儿保教和幼小衔接的有关知识 11. 具有一定的自然科学和人文社会科学知识 12. 了解中国教育基本情况 13. 掌握幼儿园各领域教育的特点与基本知识 14. 具有相应的艺术欣赏与表现知识 15. 具有一定的现代信息技术知识 16. 具有学前教育研究方法知识	1. 学前教育政策法规 2. 学前儿童生理与保育 3. 学前儿童心理发展与评价 4. 学前儿童教育原理	1. 幼儿园环境创设 2. 幼儿园游戏活动设计与指导 3. 幼儿园五大领域教育活动设计与指导 4. 社会常识 5. 科学常识 6. 美术 7. 音乐 8. 舞蹈 9. 现代教育技术 10. 特殊儿童发展与学习 11. 0～3岁婴幼儿发展与教育 12. 学前教育研究方法 13. 教师口语

4．综合实践活动课程的设计

在“2+1”人才培养模式最后一年的闭环式综合实践活动课程中，根据能力培养的目标教学设计，可以形成目标、内容与考核、评价的完整体系。

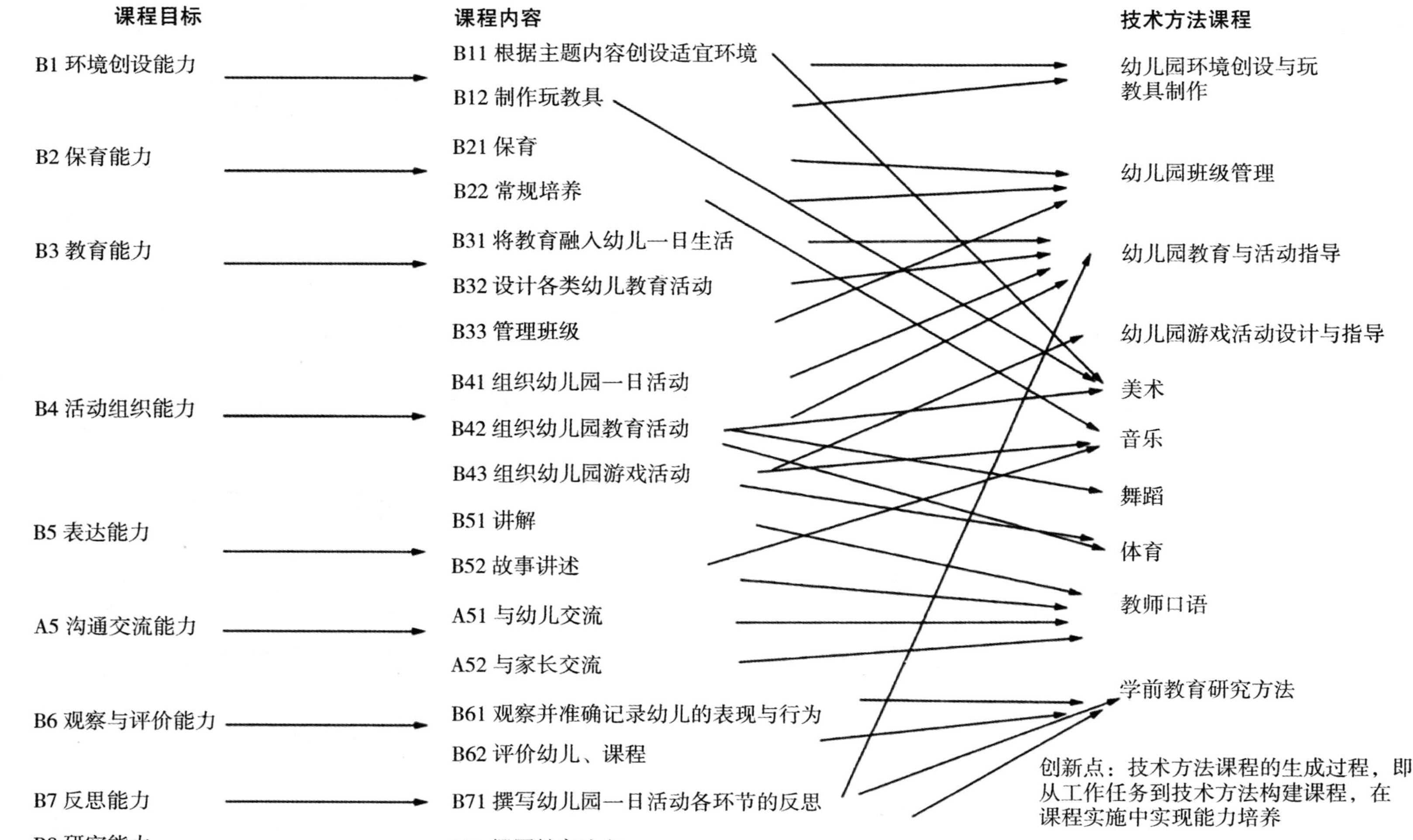

图6-1　技术方法的筛选与对应的课程

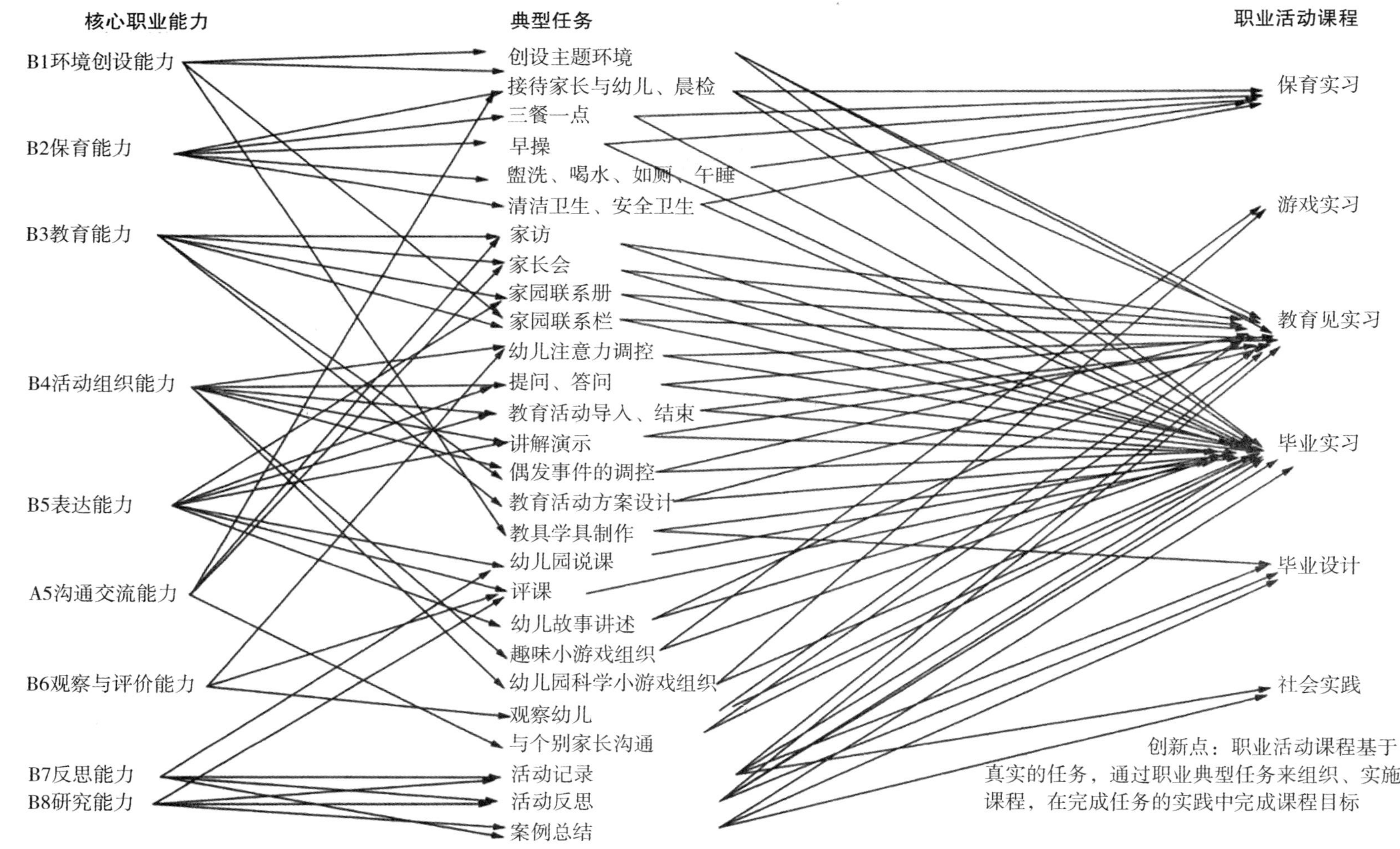

图6-2　职业活动课程的筛选与对应的课程

第三节　学前教育专业的课程体系构建

科学技术的飞速发展，知识经济迅猛推进，终身教育思想不断深化，教师专业发展的需要、教师教育一体化的发展以及基础教育改革的不断推进，时刻都在呼唤着教师教育课程的合理构建。对于学前教育专业课程建设而言，国家的政策与文件只是宏观层面的指导，其具体的操作与落实有赖于我们对幼儿教师职业能力的分析。

建设“理实”一体化课程体系是高职高专院校落实国家职业教育政策的重要改革举措。“理实”一体化课程就是理论与实践相结合的课程，从高职高专人才培养目标来看，高职院校以培养高端技能型人才为目标，要实现这一目标必须将学生的理论学习和实践能力发展作为一个整体看待，让学生在项目任务中提高实践动手能力，在实践活动中完成理论的提高。因此，对于专科层次学前教育专业课程建设而言，建立理论与实践相结合的“理实”一体化课程成为必然趋势。

以内蒙古幼专为例。长期以来内蒙古幼专的学前教育专业课程体系都未能摆脱学科系统化课程模式的影响，基本上沿袭中师或高师的学科课程体系：第一类是公共基础课，如语文、英语、政治等；第二类是专业基础课，包括专业理论和为专业课服务的课程；第三类是专业实践课，课时安排较少。这种课程体系的弊端在于实践课程附属于理论课程，课程设置重复交叉，理论知识程度偏深、新知识缺乏，学生技能特长不过硬。例如，在改革前的内蒙古幼专学前教育专业课程中，理论课程占有很大的比例和很重要的位置，课程主要包括学前卫生学、学前心理学、学前教育学、学前儿童健康教育、学前儿童语言教育、学前儿童科学教育、学前儿童艺术教育和学前儿童社会教育等。学前专业理论课程的教学始终存在重知识传授轻能力培养、重理论灌输轻实践锻炼、重观念渗透轻技能训练、重课内教学轻课外阅读等倾向，这种教学模式已不能适应新时期社会发展对幼儿教师素质的要求。为了更好地顺应终身教育与教师专业发展的要求，适应教师教育一体化发展的趋势，跟上学前教育课程改革的节拍，提高学前教育专业学生的知识、技能和素质，需要我们采取一系列改革措施，将先进的教育理念落实到幼儿教师教育的培养模式和课程体系建设中，融入职前培养、入职教育、职后培训不同的培养阶段之中，使三个阶段的课程相互联系相互衔接，既各有侧重，又有内在联系，形成前后连贯一体的、可持续发展的教师教育课程。

内蒙古幼专在校长的带领下，大刀阔斧地对专科层次幼儿教师职前培养模式进行了改革，经过数年的探索和实践，在以下几个方面创新了人才培养机制：一是调整教育目标，合理定位专科层次人才培养规格；二是改革课程体系，调整课程教学内容；三是创新技能教学与考核体系；四是形成闭环控制式的“2 +1”实践教学人才培养模式。

一、课程体系的改革与构建

将典型工作任务转化为专业基础课程，按照与职业相关的学习范围来序化各课程的学习顺序，从而生成符合职业发展规律的课程体系。根据教师知识结构理论、职业教育课程理论，参照《幼儿园教师专业标准（试行）》与《教师教育课程标准（试行）》，内蒙古幼专人才培养方案中的课程体系设计从公共课、专业课和选修课的传统三段式改为模块式。现有课程体系由四大模块组成，即通识课程模块、专业基础课程模块、职业活动课程模块和专业拓展课程模块。将典型工作任务转化成学习领域课程时，按照与职业相关内容的学习难度范围来序化各课程的学习顺序，增加实践课时达总课时量的一半以上，将见实习内容系统化并纳入整个课程体系，从而形成符合职业发展规律的课程体系（图 6-3 和表 6-5）。

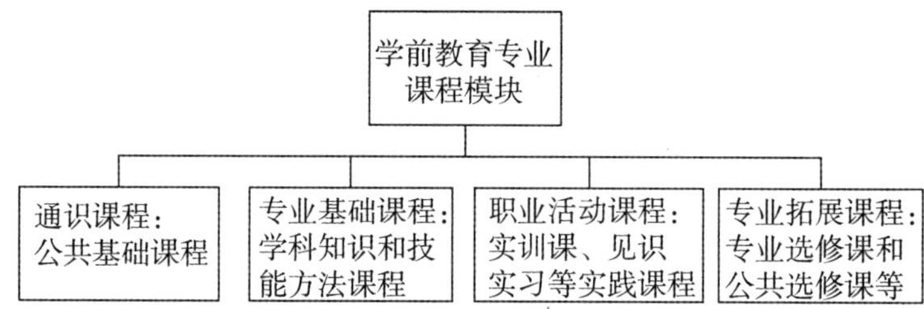

图6–3　内蒙古幼专学前教育专业课程模块

表 6–5　内蒙古幼专三年制专科学前教育专业课程体系

公共基础课程	学科知识课程	技术方法课程	职业活动课程	专业拓展课程
思想道德与法律基础 毛泽东思想和中国特色社会主义理论体系概论 形势与政策 应用文写作 大学英语 大学体育 计算机基础 心理健康教育	学前儿童生理与保育 学前教育原理 学前儿童心理发展与评价 学前教育政策法规	幼儿园一日生活与班级管理 幼儿园五大领域教育活动设计与指导 幼儿园游戏活动设计与指导 幼儿体操创编 幼儿园环境创设与教玩具制作 学前教育研究方法乐理与视唱练耳 声乐 琴法 绘画与手工 舞蹈与创编 教师口语 儿童文学	保育实习 教育见实习 游戏实习 综合实践 活动顶岗实习	1. 专业选修课：幼儿园课程理论与实践、0～3岁婴幼儿发展与教育、特殊儿童发展与学习、蒙台梭利教学法、感觉统合训练、奥尔夫音乐活动、幼儿园艺术工作坊活动、幼儿心理卫生与保健、营养学、幼儿讲故事指导、幼儿园开办与营销、幼儿园组织与管理、幼儿园家长工作、学前教育史、多媒体素材处理技术和书写 2. 公共选修课：学习科学、影视赏析、美术赏析、音乐赏析、摄影、科技小制作、礼仪修养、市场营销与策划、法制案例、中国画、儿童趣味心理学、艺术体操、名著欣赏、排球、中华文化与习俗、自然科学常识和社会科学常识

二、课程内容的改革与建构

课程内容是符合课程目标要求的一系列比较规范的知识体系、活动体系或者经验体系。职业教育课程内容是为实现课程目标服务的，课程目标的实现需要课程内容的科学筛选。

目前由于我国的高等职业教育正从传统的学院式教育模式转向政府主导下的就业导向模式，工学结合的课程改革正是人才培养模式改革的重要组成部分。从 2009 年起，内蒙古幼专学前教育专业在工学结合理念指导下，根据典型工作任务法对课程体系进行了设置和逐年修改，而 2012 年人才培养方案的修订更是结合《幼儿园教师专业标准（试行）》和《教师教育课程标准（试行）》的要求对课程体系和内容进行了大幅度调整。

为了构建以基本原理为根基、以注重实践运用为目标的课程内容体系，内蒙古幼专对具体教学内容进行了适当调整和补充，适当调整、压缩专业课中基础理论所占课时比例，通过裁减冗余内容、增加课内外实训与实践的内容与课时，构建新的课程内容体系；突出教学内容的实践性，恰当体现知识、技能和能力三者之间的教学目标要求。

（一）学前教育专业课程改革的内容

重点解构学科性的“三学一法”主干课程。虽然人们普遍认同游戏在整个学前教育活动中的主导地位以及幼儿园环境创设与班级管理在幼儿园一日生活教育中的重要地位，但是现行学前教育学中与游戏、环境创设和班级管理相关的内容甚少，训练也不足，导致毕业生缺乏设计与指导游戏、环境创设与班级管理的基本技能和能力，直接影响了教育活动的开展。因此，将原专业理论课学前教育学解构为学前教育原理，保留基本理论，强化幼儿教师专业发展和家园社区合作内容，将课程中其他理论性内容改革成三门以操作训练为主的技能类课程，包括幼儿园环境创设、幼儿园班级管理、幼儿园游戏活动的设计与指导；调整学前儿童心理学课程的内容，加入幼儿学习心理理论、心理与行为观察和评价方法等内容；将学前卫生学改为学前儿童生理与保育，在介绍学前儿童生理发展的基本特点与规律的基础上侧重保育技能的教学；将幼儿园教育活动设计与指导课程进行先总后分的改革，先对幼儿园教育活动设计与指导的一般规律与要求进行总体概述，然后分为幼儿园语言教育、幼儿园艺术教育、幼儿园健康教育、幼儿园社会教育、幼儿园科学教育五个模块，围绕幼儿教师五大领域教学实践活动的设计与指导进行教学。

增设幼儿教师教育技能课程，强调对幼儿园教师教育技能的一般性概括与具体技能的分解训练。

扩充学前教育研究方法的内容，加入论文撰写、课题研究和幼儿教师日常教研活动三部分内容，突出对专科层次幼儿教师应知应会的教科研技能的学习与训练。

增加教育评价的内容，但是并不作为一门独立的课程进行教学，而是将其分散到相关的课程中去。

将传统的思想政治课程与学生的学习与日常行为管理结合起来，侧重对幼儿教师职业道德的认识、情感体验和道德行为素质养成的教育。

把数学、生物、天文、自然地理和物理等多领域的知识综合为《自然科学常识》，将历史、政治、人文地理等知识综合为《社会科学常识》，满足幼儿教师工作实践中对幼儿教师知识面的要求。

同时，在几门专业主干课程中，以及儿童文学、应用写作、美术、音乐、舞蹈、体育等课程中，加强了有关环境创设能力、养护能力、教育能力、活动组织能力、表达能力、社会交往能力、观察能力、自我反思能力和研究能力等九项职业活动任务式课程内容，大大强化了职业活动性课程的内容。

（二）学前教育专业课程改革的特点

内蒙古幼专学前教育专业课程体系改革的主要目的是克服传统的以“学科本位”课程论为主导的课程体系的弊端，建立一个以培养实用型、技能型人才为出发点，瞄准幼儿园实际需要，以培养实际操作能力为基础，理论和实践紧密结合，既有较强针对性又有一定适应性的课程体系。改革的特点体现在以下五点：

第一，原学前教育专业课程的形成遵循从理论到实践的演绎框架，课程内容按照知识的内存逻辑关系进行分类和组织，而现学前教育专业课程遵循从实践到知识与能力的归纳框架，课程内容按照典型工作任务的相关要素综合生成。

第二，师范性与职业性并举。突出学前教育专业课程对学生将来就业的定向性，即培养目标是培养能够满足幼儿园需求的毕业生。同时，以培养学生实际操作能力的课程为基础，使学生学到的知识、技能真正满足幼儿园工作的需要，努力做到学生毕业后就能独立开展工作。为了及时反映社会需求，重视用人单位对课程改革的参与，根据每年用人单位的人才需求以及其对内蒙古幼专毕业生的评价，并结合国家的相应政策与社会的要求，及时调整人才培养方案和课程体系。

第三，理论与实际相结合。切实增强学生的学习能力和动手能力，特别是解决工作中实际问题的能力。学前教育专业是一个综合性、实用性很强的专业，学前教育工作相对于其他各级各类学校的教师工作来说，具有自身的特殊性。由于学前教育的对象是学龄前儿童，处于教育的启蒙阶段，相对其他学龄段的教师，幼儿教师相当于全科教师，要求拥有宽广而非精深的各种知识。“如何学习”比“学会什么”更重要，即学会学习比储备知识更重要，因此，学习方法的指导在课程中占有比较重要的地位。学前教育对教师的职业技能和弹、说、舞、唱、画等艺术教育能力有着较高的要求。要强化学生的学习能力和基本职业能力训练，创造机会让学生接受基本能力训练，让基本职业能力训练不走过场，以提高学生对就业上岗和职业变化的适应力。

第四，课程模块化与弹性化相结合。为了在整体上适应行业和社会对人才规格多样化的需求，内蒙古幼专根据实际需要及时调整专业方向课程。

第五，增加实践教学和职业教育活动课时，完善实践教学体系，提高实践教学效果；增加入职教育环节，实现与职后培训课程的对接。

（三）学前教育专业课程改革举例

以下分别以“学前教育原理”和“幼儿园教育活动设计与指导”课程改革为例，展现了内蒙古幼专的职前阶段课程内容的改革。

1. 学前教育原理课程内容的改革

（1）课程目标的确定

学前教育原理课程以基准化幼儿教师人才培养目标为着眼点，确立了以专业能力培养为主线，兼顾社会能力和方法能力培养的设计理念；并且充分利用已建立的与南宁市幼儿教育机构良好合作关系的丰富资源，培养市场所需的具有职业素养和职业能力的学前教育专业毕业生。该课程教学目标如表 6-6 所示。

表 6-6　学前教育原理课程目标

能力目标	知识目标	技能目标	情感目标
观察及交往能力	了解观察幼儿的基本要求、方法，把握幼儿的心理特点和身心发展规律，形成对幼儿行为敏锐的观察力，了解与幼儿及家长交往的基本要求；了解家园合作、社区合作的意义和方法	1. 学会观察和分析教育活动中幼儿发展行为的表现，并能提出教育对策 2. 在见习中观察幼儿园教师在教育场景中与幼儿交往的技巧 3. 创设场景，初步体验与幼儿、家长沟通的技巧 4. 分析一个与社区合作、与家庭合作的案例，学习评价家园合作、社园合作的方法	热爱、尊重幼儿，树立科学的儿童观和教育观
组织管理及反思评价能力	了解幼儿园课程要素的构成，掌握幼儿园教学、游戏、一日活动的组织方法与要求，理解幼儿园班级管理的要求	1. 分析一个教育活动计划的构成要素和内涵要求 2. 观摩一个教学活动、区域游戏、一日生活的设计和组织过程，并加以分析、评价，反思和评价教师的教育技巧和实践能力 3. 观摩和参与半日活动，学习幼儿园班级管理和半日生活的组织内容与要求	养成敢于思考、质疑的品质，初步形成教育实践和合作的意识
环境创设能力	了解幼儿园环境创设的原则和规划要求	观察、分析一个幼儿园规划与创设，运用环境创设理论分析评价其环境创设的理念	形成科学的环境观
综合应用能力	理解幼儿园教育目标和实施途径，初步形成对幼儿园教育工作及其规律的认识	调查一个幼儿园幼儿“四育”发展的情况，学习分析评价幼儿园教育现象，锻炼运用理论分析解决实际教育问题的能力	形成专业基础理论素养及职业素质
知识拓展能力	了解幼儿教育思想发展史、主要教育理论流派，了解中外著名的幼儿园课程模式与当前的园本课程研究，了解幼儿教师专业发展理论	利用教育资源，撰写一篇关于幼教发展与改革的实践报告，培养对幼教改革的关注和研究意识，制订自身发展计划	扩大专业视野，提升对幼教事业的热爱和忠诚度，提升专业理论素养

学前教育原理课程以幼儿教师岗位要求为核心目标，突出课程的专业基础性，使学生掌握必要的学前教育基础理论知识。同时，增加课程的实践课时，加强岗位针对性，使学生的理论知识真正用到实处，突显课程的专业基础性和技能性，培养技能型人才。为培养

学生成为未来的幼儿教师，内蒙古幼专根据国家幼儿教师资格考试标准调整和强化相应的教学内容，兼顾学生的知识、能力和人格发展，着眼于人的全面发展，教会学生“学会认知，学会做事，学会共同生活，学会发展”，提高学生综合职业能力与全面职业素质，完善其师德品格，使其成为适合幼儿园工作需要的准幼儿教师。

（2）课程内容的调整

为了确保教学内容与《幼儿园教育指导纲要（试行）》《幼儿园工作规程》《幼儿园教师专业标准（试行）》《教师教育课程意见（试行）》要求相一致，体现内蒙古幼专“专业知识＋专业技能＋职业素养”的育人理念，为实现培养素质全面、特长突出的一专多能的应用型幼教人才培养目标起到奠基作用，将学前教育专业的原专业理论课学前教育学解构为学前教育原理，保留基本理论，强化幼儿教师专业发展和家园社区合作、幼小衔接工作等内容；将课程中其他理论性内容改革成四门以操作训练为主的技能类课程，包括幼儿园环境创设、幼儿园班级管理、幼儿园游戏活动的设计与指导、幼儿园教育活动设计与指导。重点针对幼儿教育实践中的突出问题，结合学前教育理论进行合理的分析，提出实际解决办法，并较好地处理了本课程与其他实践课程的关系。同时，根据幼儿园实际工作需要，摘录了许多小资料和案例，每章附有学习实践要点，以提高学生教育实践能力，引导学生的学习。

学前教育原理课程是学前教育专业的一门专业必修课，具有基础理论课的特点，可使学生了解和掌握学前教育的发展历程，熟知学前教育的基本概念和一般原理，明确学前教育的目标以及价值取向，理解幼儿教师的职业特征以及幼儿园的课程设计理论与实践，运用学前教育的一般原理分析一些粗浅的学前教育现象，使其树立正确的儿童观、教育观和教师观，从而拥有学前教育专业的基本素养。为达成课程目标，针对高职专科学习不同于其他层次学生的实际，内蒙古幼专在吸收现有课程重点内容的基础上，删减冗余、弥补缺失，打破学科体系，以典型工作任务流程组织开发新的课程内容，建构新的课程内容体系。

学前教育原理的主要内容如下：幼儿园教育及其意义；幼儿教育与社会发展；幼儿教育与儿童发展；幼儿园教师；幼儿园教育目标、任务与原则；幼儿园全面发展教育；幼儿园教育活动；幼儿园教育活动评价；幼儿园教育的合作与衔接；幼儿教育改革与发展趋势。

2. 幼儿园教育活动设计与指导课程内容的建构

幼儿园教育活动设计与指导是理论和实践融于一体的重要的学前教育专业课程，它对学前教育专业学生专业实践能力的培养起着重要的作用，是理论与实践相结合的课程。该课程以培养学生的教育教学实践能力为出发点与归宿，以理论与实践一体化为理念进行课程的开发。

（1）课程目标

专科层次学前教育专业主要培养适应社会发展和学前教育发展需要，德、智、体、美、劳全面发展，掌握学前教育基本理论，具备较强的学前教育实践技能和一定的教育科学研究能力，能胜任学前教育机构教育教学与管理工作的专科层次高端技能型人才。根据专科学前教育专业培养规格和培养目标的要求，幼儿园教育活动设计与指导强调理论的指导性，但以适度、够用为原则；以实践教学为重点，突出专业特点和专业能力培养。

（2）课程体系的建构

该课程内容上分为三大模块：一是教育活动设计基础原理模块，包括幼儿园课程理论、幼儿园教育活动理论、《幼儿园教育纲要》、《3 ~ 6 岁儿童发展与指南》等理论；二是幼儿园教育活动设计基本技能模块，包括幼儿园健康、社会、语言、科学和艺术五大领域教育活动的设计、实施、指导和评价；三是幼儿园教育活动设计拓展技能模块，包括生活活动的设计、区域活动的设计、一日活动计划的设计、当前幼儿园教育教学活动新动态（表 6-7）。

表 6–7　幼儿园教育活动设计与指导课程体系

模块	名称	内容
一	教育活动设计基础原理	幼儿园课程理论
		幼儿园教育活动理论
		《幼儿园教育指导纲要（试行）》与《3 ~ 6岁儿童发展与指南》的要求
二	幼儿园教育活动设计基本技能	幼儿园健康、社会、语言、科学、艺术五大领域教育活动的设计、实施、指导和评价
三	幼儿园教育活动设计拓展技能	生活活动的设计
		区域活动的设计
		一日活动计划的设计
		当前幼儿园教育教学活动新动态

以上三大模块的“总—分—总”课程体系分别表现为“基础理论模块 + 基本技能模块 + 拓展技能模块”的课程内容体系，以培养学生的学前教育实践能力为核心；以科学的学前教育理论知识为指导，培养学生的职业情感、职业意识和提升学生的职业技能的训练，突显实践性和职业性，努力让学生毕业后尽快地适应幼儿园实际教育教学工作的需要。

这一课程内容体系设计的好处有两点。一是避免重复，提高教育教学效率。原来幼儿园教育活动设计是按照《幼儿园教育指导纲要（试行）》所规定的健康、社会、艺术、语言、科学领域，分别开设幼儿园健康教育活动设计与指导、幼儿园社会教育活动设计与指导、幼儿园艺术教育活动设计与指导、幼儿园语言教育活动设计与指导、幼儿园科学教育活动设计与指导等独立的课程，分别探讨“× × 活动内容的选择原则”“× × 活动设计原则”“× × 活动组织原则”“× × 活动目标表述的基本要求”等，难免会出现内容上的重复，造成教学效率低下的情况。二是让学生从总体上把握幼儿园教育活动的本质。原来各领域的教育活动设计各自独立为一门课程，导致学生只见各个独立的“教育领域”，却不能从总体上把握幼儿园教育活动，不能适应以综合主题为主要课程模式的幼儿园教育工作。

（3）《幼儿园教育活动设计与指导》课程内容提要

①幼儿园教育活动设计的基本原理：幼儿园教育活动的含义、特点和种类，幼儿园教育活动设计的含义，幼儿园教育活动设计的目的和意义，幼儿园教育活动设计的原则，幼儿园教育活动设计的规范要求，幼儿园教育活动设计的一般程序与要求，幼儿园教育活动设计的基本模式，幼儿园教育活动资源的开发与利用。

②幼儿园教学活动设计基本技能与要求：幼儿园健康教育活动设计技能与要求、幼儿园科学教育活动设计技能与要求、幼儿园语言教育活动设计技能与要求、幼儿园艺术教育活动设计技能与要求、幼儿园社会教育活动设计技能与要求。

③幼儿园生活活动的设计与指导。

④幼儿园区域活动的设计与指导。

⑤幼儿园日计划、周计划、月计划的设计与指导。

⑥当前幼儿园教育教学活动新动态。

三、专业技能考核体系创新

高端技能型学前教育专业人才是具有实际应用能力的、可以直接有效地设计和组织幼儿园保教活动的一线教师。因此，重视学前教育专业学生的实际能力和技能的培养也就成了专科层次幼儿教师职前教育的重要任务。内蒙古幼专在对幼儿园教师专业技能进行全面深入调查研究的基础上，对应幼儿教师专业标准和资格考试，研制学前教育专业技能体系及各项专业技能的标准，将学前教育专业技能训练与考核融入到相关课程和学生的平时学习生活之中，形成课内与课外、校内与校外相结合的专业训练与考核运行体系。

幼儿园历来非常重视幼儿园教师的技能，因此培养院校也非常重视对学前教育专业学生的技能考核。但是大多数院校的技能考核以说、唱、画、舞、弹等不相关联的单项考核为主，且过于偏重艺术技能的考核，对培养幼儿教师综合化的教育教学技能效果不明显。内蒙古幼专形成的体系化的学前教育专业学生技能考核体现了六大特点：一是考核时间从专业入门到准教师一以贯之；二是考核项目对应幼儿教师典型工作任务；三是技能目标与工作任务完成接轨；四是技能内容基于行业需求；五是考核形式与课程教学紧密结合并灵活有度；六是考核标准以行业要求为准绳并为学生训练提供直接指导。

四、闭环控制的综合实践教学体系创新

入职教育是学校教育教学体系的重要组成部分，是体现能力为重、工学结合、校企合作人才培养模式的重要环节。入职教育的目的是为了保证学生零距离就业，即保证学生毕业后不需要通过培训或入职适应就能胜任岗位工作。为此，内蒙古幼专对学前教育专业第三学年为期一年的入职教育阶段进行了改革，将入职教育分为五个阶段，实施综合实践项目课程，采用闭环控制的实践教育管理形式，实行双导师制，学生采用分散式合作学习的

方式完成学习任务。

（一）第一阶段：岗前技能训练

这一阶段安排在第五学期的第 1 ～ 4 周，此为集中进行岗前训练的时间。本阶段主要任务与要求如表 6-8 所示。

表 6-8　岗前技能训练的任务和要求

项目	安排时间训练	形式	授课教师
保育技能	第四周	讲座	幼儿园保育员
教育活动组织技能（五大领域加游戏）	第 1 ～ 4 周	小组与个别训练（以指导设计与试教为主，每位学生设计3个以上活动方案并制作教具，完成3个活动的试教。教师对每个活动进行点评与成绩评定）	每班2人，以内蒙古幼专教师为主
幼儿园教师职业道德与要求	第 1 周	讲座	幼儿园园长
如何当好幼儿园实习教师	第 2 周	讲座	幼儿园保教主任
实习教师家长工作技巧	第 3 周	讲座	幼儿园骨干教师

（二）第二阶段：离校集中实习

这一阶段安排在第五学期的第 5 ～ 12 周。集中实习是指学生到学校统一安排的校外实习基地进行的专业实习。集中实习包括见习（试教）、学生进入工作岗位、完成实习任务或项目等。集中实习期间实施双导师制，由学前教育专业教师以及幼儿园带班教师对学生实施全面指导，实施“理实”一体化训练。

（三）第三阶段：实习总结反思与提高及毕业论文（设计）

这一阶段安排在第五学期的第 13 ～ 16 周。具体工作内容及要求如下：

①学生自评。学生对自己在实习过程和任务完成的效果对自身进行总结与反思，形成个人实习总结，填写《实习生鉴定表》。

②师生互评。由校内指导老师与实习基地指导老师对学生实习情况进行评价，评定学生实习成绩；由学生对实习基地、实习基地指导教师以及校内指导教师进行评价，以实习小组为单位填写《______实习基地及指导老师意见反馈表》并交系部；组织优秀实习成果展示活动，评选优秀实习生和优秀指导教师。

③社会评价。由实习基地领导和教师对学校人才培养成效进行评价，填写《内蒙古民族幼儿师范高等专科学校人才培养效果反馈表》，由各系部收集归档。

④专业带头人、教研室主任将上述各种实习总结材料收集整理，形成《××××届学前教育专业毕业生实习总结报告》（含文字、音像资料等），于学期结束前交系部归档。

⑤开展学生毕业论文（设计）指导工作。学生在学校指导老师指导下进行毕业设计选题，进行资料收集、论文撰写或毕业设计。

⑥就业指导工作与学生就业材料准备，组织学生参加学校组织的毕业生就业双向选择洽谈会。

（四）第四阶段：完成毕业论文（设计）

这一阶段安排在第五学期的第 17 ～ 20 周。具体工作任务与要求如下：

①学生继续完成毕业论文撰写或毕业设计任务。学生可以在实训基地或回家完成毕业论文或毕业设计作品，指导老师可以通过网络、通信等方式进行指导。毕业论文或毕业设计作品须在第五学期末完成并上交，最迟不得超过次年 5 月份。

②学生自行进行就业岗位调查，落实下学期顶岗实习单位，并填写《实习生分散顶岗实习申请表》交系部审批。

（五）第五阶段：分散顶岗实习

这一阶段安排在第六学期。

分散顶岗实习是指在顶岗实习期内学生自主联系实习单位进行的具有就业倾向的顶岗实习。分散顶岗实习的组织过程：系部制定学生顶岗实习任务书《内蒙古民族幼儿师范高等专科学校 ____ 专业毕业实习任务书》（含实习目的与要求、组织机构、实习时间、实习单位和地点、实习步骤与内容、指导教师安排、学生管理办法、成绩考核、过程监控和经费预算等内容）；学生持用人单位接收函或用工合同书，向所属系部提出申请，由系部领导审核批准；学生填写《内蒙古民族幼儿师范高等专科学校分散顶岗实习申请表》和《内蒙古民族幼儿师范高等专科学校学生实习安全协议书》；离校实习。

在综合实践教学五个阶段中，采用“双导师制”下的分散式合作教学与学习模式，强调总结反思和提升。学生从第一阶段在岗前训练中接受实习任务，经过第二阶段的实习进入第三阶段的总结反思，学生对自己在实习阶段的工作任务中的完成情况、获得的显性知识和内在体验进行归纳整理、总结反思，并将反思结果内化到自身的知识结构中，依据反馈信息对今后的职业行为进行自觉调整从而实现能力的提高。这就形成了一个闭环控制式的实训模式，使学生按照职业能力提升的逻辑掌握幼儿教师必备的显性与隐性知识，让学生意识到知识的社会属性，学会在实践中学习。

参考文献

[1] 柳国梁. 学前教育教师发展：取向与路径 [M]. 杭州：浙江大学出版社，2013.

[2] 刘益春. 教师教育何以创新: 东北师范大学教师教育研究论文精选(2008—2012)[M] . 长春：东北师范大学出版社，2013.

[3] 曾晓东，鱼霞. 教师蓝皮书：中国中小学教师发展报告（2014）[M]. 北京：社会科学文献出版社，2015.

[4] 李斯特. 发展的迷思 [M]. 陆象淦，译 . 北京：社会科学文献出版社，2011.

[5] 雷德鹏. 回返人性：论胡塞尔对科学合理性的重建 [M]. 北京：人民出版社，2011.

[6] 樊勇，高筱梅. 理性之光：论发展的合理性及西部地区合理发展 [M]. 昆明：云南大学出版社，2011.

[7] 中国学前教育发展战略研究课题组. 中国学前教育发展战略研究 [M]. 北京：教育科学出版社，2010.

[8] 关松林，基础教育教学研究课题组. 幼儿园教育环境创设指导 [M]. 北京：高等教育出版社，2014.

[9] 王文乔，秦建勋. 当代幼儿园课程与教育专题研究 [M]. 北京：中国书籍出版社，2018.

[10] 刘小林，张献华. 教育公平视野下我国民办幼儿教师发展战略研究 [M]. 上海：华东师范大学出版社，2015.

[11] 高福安，林淑华. 创新人才培养方法论 [M]. 北京：中国广播影视出版社，2005.

[12] 刘占兰. 幼儿园教育质量的现状研究 [M]. 北京：北京师范大学出版社，2013.

[13] 宋妍萍. 幼儿教育费用分担研究 [M]. 北京：中国社会科学出版社，2015.

[14] 黄人颂. 学前教育学 [M]. 北京：人民教育出版社，2015.

[15] 刘晶波. 学前教育研究方法 [M]. 北京：人民教育出版社，2016.

[16] 国务院妇女儿童工作委员会办公室. 中国儿童发展纲要与儿童发展 [M]. 北京：中国妇女出版社，2009.

[17] 张燕，刑利娅. 学前教育科学研究方法 [M]. 北京：北京师范大学出版社，2014.

[18] 姜勇. 国外学前教育学基本文献讲读 [M]. 北京：北京大学出版社，2013.

[19] 韩妍容，张晓梅.《幼儿园教师专业标准》与幼儿教师专业能力培养 [J]. 教育探索，2014（7）.

[20] 金兰. 基于合理发展的吉林省教师教育规模与布局研究：以小学教育专业为例 [J]. 现代教育科学，2014（7）.

[21] 金兰. 导师制：解决本科生入学不适应问题的可能路径：基于 N 大学 E 学院的个案研究 [J]. 北华大学学报（社会科学版），2014（3）.

[22] 魏勇刚. 新教师资格考试制度与学前教育专业人才培养 [J]. 教育评论，2014（5）.

[23] 魏亦军，李艳红，高智军. 五年制学前教育专业课程设置的问题及对策 [J]. 教育理论与实践，2014（5）.

[24] 高敬，张凤. 美国早期教育专业临床教学实习手册简介及启示 [J]. 外国中小学教育，2014（4）.

[25] 林涛. 艺术类专业产学研教学模式研究 [J]. 开封教育学院学报，2014（9）.

[26] 吴小胜. 大学动漫专业基于产学研的教学模式研究 [J]. 吉林省教育学院学报（上旬刊），2014（6）.

[27] 苏丹，郭龙健，王光明. 发挥“UGS 机制”优势，全面开展教育硕士专业学位研究生教育综合改革试点工作 [J]. 学位与研究生教育，2013（9）.

[28] 崔允漷，王中男. 学习如何发生：情境学习理论的诠释 [J]. 教育科学研究，2012（7）.

[29] 周琴，苟顺明. 法国学前教育均衡发展的保障措施及启示 [J]. 比较教育研究，2012（5）.

[30] 黄丽燕. 本科院校学前教育专业人才培养目标及课程设置的思考 [J]. 齐齐哈尔师范高等专科学校学报，2011（7）.

[31] 张雷，徐凤兰.“三区联动”与高校人才培养机制创新 [J]. 教育与职业，2010（1）.

[32] 徐维祥. 创建一体化双专业复合型人才培养模式 [J]. 中国高等教育，2009（4）.

[33] 周璇，刘悦男. 个性化、多元化教育理念与高校人才培养战略 [J]. 学术交流，2008（12）.

[34] 郭红霞. 高职学前教育专业人才校园合作培养模式探究 [J]. 成都师范学院学报，2013（7）.

[35] 彭海蕾. 美国高校学前教育专业课程设置的实践性特征 [J]. 北京广播电视大学学报，2013（4）.

[36] 王玉华. 中澳学前教育专业实践课程的比较研究：以齐鲁师范学院与澳大利亚南岸政府理工学院为例 [J]. 齐鲁师范学院学报，2013（2）.

[37] 柳国梁. 五年一贯制学前教育专业人才培养模式改革的实践研究 [J]. 宁波大学学报（教育科学版），2013（3）.

[38] 隋立国，赵立增. 世界职业教育模式对高职学前教育专业人才培养的启示 [J]. 中国成人教育，2012（12）.

[39] 张亚妮，杨西京. 高职专科学前教育专业人才培养模式探析 [J]. 陕西青年职业学院学报，2012（11）.

[40] 李君，王淑芹. 高职院校专业理论课基于过程性评价的教学现状调查与指导策略研究：以学前教育专业为例 [J]. 当代教育科学，2012（8）.

[41] 孟亭含. 高职学前教育专业全程实践模式的构想 [J]. 开封教育学院学报，2012(3).

[42] 梁钊华. 全实践教育理念下高师学前教育人才培养模式的新思考 [J]. 玉林师范学院学报，2012（2）.

[43] 吴伟俊. 高职院校学前教育专业“双师型”师资队伍建设初探：以武汉城市职业学院为例 [J]. 职业时空，2012（1）.

[44] 张爱芳. 大学生就业难原因及解决途径探析 [J]. 中国电力教育，2013（9）.

[45] 燕道成. 新媒体与信息网络专业人才培养的策略创新 [J]. 湖南师范大学社会科学学报，2013（9）.

[46] 何晓媛，黄珊，丁振源. 以就业为导向的独立学院人才培养方案构建 [J]. 浙江理工大学学报，2012（11）.

[47] 张延新，江丽，刘红敏，等. 以就业为导向提高人才培养质量 [J]. 中国中医药现代远程教育，2012（8）.

[48] 尹衍林. 以就业为导向的人才培养课程设置探析 [J]. 鸡西大学学报，2011（10）.

[49] 赵剑波. 以就业为导向的本科创新型应用人才培养模式 [J]. 齐齐哈尔大学学报（哲学社会科学版），2011（6）.

[50] 李敏. 学前教育机构质量督导研究 [D]. 重庆：西南大学，2016.

[51] 符太胜. 4 ~ 6 岁城乡幼儿前科学概念的研究：以生命科学领域为例 [D]. 长春：东北师范大学，2016.

[52] 燕飞. 幼儿教师体育教育能力培养研究 [D]. 太原：山西大学，2016.

[53] 刘天娥. 高校本科学前教师教育课程设置的研究 [D]. 武汉：华中师范大学，2015.

[54] 张杰. 幼儿教师专业伦理困境研究 [D]. 重庆：西南大学，2015.

[55] 张立新. 幼儿园初任教师专业发展问题与对策研究 [D]. 长春：东北师范大学，2014.

[56] 陈纳. 幼儿应该主要学习什么：经验获得与幼儿发展关系的思考 [D]. 武汉：华中师范大学，2014.

[57] 王秀梅. 工科高校创新人才培养及评价研究 [D]. 保定：华北电力大学，2009.

[58] 李静. 高校学前专业课程体系优化研究 [D]. 银川：宁夏大学，2014.

[59] 许荣花. 战略性新兴产业人才培养机制研究 [D]. 荆州：长江大学，2013.

[60] 于海雯.（生物）全日制教育硕士实践教学的研究 [D]. 济宁：曲阜师范大学，2013.

[61] 丁喆．林业科技推广人才战略之本科人才培养机制创新研究：以福建农林大学林科类专业为例 [D]．福州：福建农林大学，2011.

[62] 刘莹．中美高校学前专业实践课程的比较研究及启示 [D]．西安：陕西师范大学，2011.

[63] 王梅．创业型大学：一个新的大学理念之践履 [D]．兰州：兰州大学，2011.

[64] 刘慧芬．产学研合作模式和机制研究 [D]．上海：上海交通大学，2009.

[65] 宫小明．普通高校教学管理问题研究 [D]．长春：东北师范大学，2007.

[66] 牟燕萌．高职院校“双师型”教师队伍现状及建设研究 [D]．济南：山东师范大学，2006.

[67] 刘雷．全面二孩政策背景下学前教育财政政策研究：以广州市为例 [D]．广州：广东财经大学，2017.

[68] 杨楠．拉祜族学前教育现状研究：以云南省 S 县为例 [D]．昆明：云南师范大学，2017.

[69] 李蕾．基于知网的学前教育政策研究的内容分析 [D]．金华：浙江师范大学，2016.

[70] 朱星曌．学前教育公共服务网络化治理机制研究：以杭州市 S 区为例 [D]．金华：浙江师范大学，2016.

[71] 冯娅．新加坡中国学前教育课程比较研究：基于两国课程纲要的对比研究 [D]．南充：西华师范大学，2016.

[72] 何维谦．幼儿家长对学前教育信息化认识的调查及对策研究 [D]．开封：河南大学，2016.

[73] 林娜．农村学前教育存在的问题及完善对策：基于政府管理视角 [D]．石家庄：河北师范大学，2015.

[74] 王静静．西藏学前教育保障问题研究 [D]．拉萨：西藏大学，2016.

[75] 丁春宇．区（县）学前教育督导运行机制研究：以沈阳市某区为例 [D]．沈阳：沈阳师范大学，2016.

[76] 邓家英．重庆市学前教育政策文本的话语分析 [D]．重庆：西南大学，2015.

[77] 邓岳敏．改革开放以来中国高校人才培养与劳动力市场的对接问题研究 [D]．厦门：厦门大学，2007.

[78] 陈浩．基于知识联盟的政产学协同人才培养模式与机制研究 [D]．杭州：浙江大学，2015.

[79] 张炜．高校人才培养的质量成本研究 [D]．武汉：华中科技大学，2010.

[80] 杨同毅．高等学校人才培养质量的生态学解析 [D]．武汉：华中科技大学，2010.

[81] 王晓辉．一流大学个性化人才培养模式研究 [D]．武汉：华中师范大学，2014.

[82] 成中梅．学习型高校的人才培养模式研究 [D]．武汉：华中科技大学，2008.

[83] 叶俊飞．南京大学“大理科人才培养模式”研究 [D]．南京：南京大学，2014.

[84] 李明海．媒体融合语境下高校传媒人才培养模式创新研究 [D]．重庆：西南大学，2017.